截拳道

刘长青 编著

吉林文史出版社

目录

第一章　截拳道理论

第二章　截拳道基本技法

第三章　截拳道功力素质训练

第四章　截拳道战术训练方法

第五章　截拳道心理素质训练方法

第一章

截拳道理论

截拳道的实质

在 22 岁到 32 岁之间，武术界传奇人物李小龙还是一位多产的写作者。他的写作题材并不仅仅围绕主题的系统阐述，而且还有关

于哲学的学术论文。值得注意的是，在这段时期内，李小龙写作并自费出版了一本专著，写下了另外两部著作的手稿（后来他自己决定不予出版），设立了徒手格斗术的若干主题，创作了至少三部电影剧本，记录了七册包括其思想、观点、看法、研究徒手格斗之科学与艺术的笔记。如今，它们已呈现在此！无论是在三万五千英尺高空的飞机上、在印度荒漠颠簸前进的汽车中，还是在自己的私人书房内，如果李小龙不是在训练或阅读，那么他一定是在写作。他的大脑始终保持活跃，持续关注着技术的新观念、高效率以及训练手段，并不断寻求新的方法以使每一方面均得到改进。

李小龙还写下了大量关于东方哲学以及西方精神疗法的笔记。李小龙坚信“脱离于整体的局部均告无效”，一切关于武术、哲学、身体健康、营养科学、阅读、交谈、教导、学习等各个方面，都只不过是构成最终整体的某一局部而已。由此观点出发，李小龙断言：武术是通向更高智慧的桥梁，

也就是说，一个人对武术的精通程度越高，就越会清楚地认识到艺术就是生命的表达。

20 世纪 70 年代初，李小龙在武坛独树一帜，创立了截拳道；在影坛奋力崛起，确立了武术功夫片的世界品牌。然而，也就在那个年代初，不满 33 周岁的李小龙（1940 年 11 月 27 日－1973 年 7 月 20 日）突然与世长辞，以至人们来不及认识截拳道，来不及读懂李小龙。李小龙的追随者和研究者们为了认识截拳道、读懂李小龙，进行了不懈的努力，发表了大量拳论和纪念文章，然而，由于作者们经历有别、入笔角度不同，论述难免不尽相同，甚至观点相左。影迷们依稀看到的李小龙仍是经荧屏洗礼过的传奇形象。武迷们未窥全貌的截拳道，又出现了原本截拳道、截拳道概念、振藩截拳道等不同说法。

将截拳道的定义浓缩为一句话：创立于 1965 年的，以制人、育人为目的的中国武术。提炼这一定义的基础是李小龙创立截拳道的思路和实践途径。李小龙关于这一基础的论述，涉及截拳道的起源与发展，截拳道与咏春拳等传统武术、与拳击等域外武技的比较，作为体育运动的格斗类项目与生死相搏的格斗术的比较，还揭示了截拳道对于完善人格的作用，剖析了截拳道的形式与本质的关系，强调了采用直接简单方法实现本质目的的重要性，指明了截拳道的适应人群以及截拳道强调实战效果的技理内容和相应的训练方法等。如此广博的文论，既有助于我们理解截拳道的定义，从概念层面认识什么是截拳道，又为我们拓展对截拳道的认识，探究截拳道在中国武术及世界格斗术中的定位，研究截拳道的发展前景，提供了多种角度和多个渠道。

截拳道对基本动作，有着严格的技术标准要求。在此书的“截

拳道的训练”部分中，李小龙写道：“必须无条件地追求动作的正确与标准，无论这一要求是否能够达到。”

李小龙重视运用组合攻击技术。他以直拳为例，讲述了组合技术动作的实战意义。他说：“直拳是截拳道的核心技术，必须配合其他任意角度的拳法与踢法，才能增强其威力。”还以“连环三击”作为整合运用基本技术动作的例子，进行详细解释。并且列举了不同方位的上肢连击组合、不同方位的上下肢连击组合等。

李小龙在笔记中，强调了他选用创新技术动作的原则。他说：“我的武术——功夫和截拳道，只有万分之一的人才可以掌握。它是技击术、整体的攻击性武术，它是一种节奏流畅的表达，在对手击中你之前就运用任何可能的手段去摧毁他。”因此，“截拳道使用一切方法，而不会被任何一种方法所限，使用一切技术手段去达到目的”。在李小龙笔下，为了战胜对手，“踢击、扯头发、用头撞、用指戳、膝顶、肘击、踩踩胫骨或脚背、抓下阴、掐、揪耳朵、咬等”，都是可以使用的方法。显然，截拳道是以“制人”——摧毁对手为目的的。李小龙依据这一目的构建起了截拳道的技术体系，依据这一目的否定“绝对形式”，如不切实际的步法、机械的身体运动、徒支虚架的花招和食古不化的拳套。

在李小龙看来，再好的理论、再好的技术，不经过刻苦的训练实践，都不可能用之于实战，更不可能成为所谓“绝招”。从李小龙制订的截拳道教室、私人课堂和他本人的训练计划来看，截拳道的训练原则可以归纳为三：

一是“以战练战”的训练原则。李小龙在笔记中写道：“每周周二、周日，我练习实战。学习游泳的最佳方法就是真的跳进水里去游；学习截拳道的最佳方法就是去实战。只有在自由实战中你才能学会

多变的节奏、正确的时机，以及准确判断距离。”离开了实战训练，不可能真正提高实战技能。

二是“以功练功”的训练原则。在李小龙制订的周训练计划案例中，一周七天，天天有训练。其中，他长期坚持利用发泡塑料靶、纸靶、气盾、豆袋、沙袋、速度球等训练器械练习基本手法、腿法等简单技术和组合动作；还长期坚持利用滑轮、固定脚踏车、跳绳、杠铃等训练器械进行柔韧、速度、耐力、力量的练习。借助这类器械进行单一或组合动作训练，以提高单一或综合能力为目的的训练方法，在武术用语中称为“功法”。在中国文化中，“功夫”一词，既指在某一专门领域具备的造诣，也指时间累积。李小龙的实践证明，只有天天花功夫，利用传统功法式的方法进行训练，才能不断提高功力、增长功夫。“练拳不练功，到老一场空。”“功夫”成为武术的代名词。

三是“简招练招”的训练原则。李小龙在笔记中写道：“精简是修炼的最高境界”，“训练中最重要的一条原则：形式的精简”。这在训练计划中体现为“精简：每天减少，而不是每天增加”。“将华而不实的动作精简至最少。”“就像雕刻家在雕刻一样，不是增加，而是砍掉非本质的东西。”在训练内容选择时体现为“最好的攻防技术就是最简单最正确的那一种”。因此，要坚持“重复简单技术的训练”，在一次训练课中体现为“事实证明，在一个小时的训练课中仅仅专注于一到两个简单的技术，远比把大量毫不相关、杂乱无章的技术混杂在一起练习更为有效和有趣。在训练效果上体现为简单攻击的基础在于数百次地重复每一种技巧，最终能够依靠本能以最快的速度、最完美的形式发起攻击”。

简单，不仅是截拳道训练的特点，也是截拳道整体的特点。关

于动作形态，李小龙强调要“简单表达，而非复杂形式”。关于攻防格斗，他强调要运用“简单技术”进行“简单攻击”“简单还击”“简单反击”“简单防御”“简单格挡”“简单截击”。

李小龙语录：“从我成为习武者的那一天开始，我已经成长了许多，并且仍然在成长的路上。活着就要在创造中自由地表达自我。”“生活是不断前行的过程，你应在此过程中保持流动，不断去发现自己、实现自己、升华自己。”揭示出李小龙生活观念的核心是“创造和发展”。生命活动的过程，就是创造、发展的过程。

李小龙描述格斗体验说：“胜负输赢并不是问题，问题在于此刻要做什么以及在此特定时刻要全心全意做到最好。不去空想未来结果如何。”揭示出李小龙生活态度的核心是“把握现实”。“胜负”决定于“此刻”，取决于过程。丢掉“空想”脚踏实地走好每一步，是取得成功的基础。

李小龙总结性地说：“成为一名武术家，即意味着成为一名生活的艺术家。”揭示出李小龙生活方式的核心，是把武术作为一种生活方式。通过武术去学习生活、驾驭生活、享受生活。

总之，李小龙笔下的武术，不仅是用于“制人”的格斗术，也是用于“育人”的修身术。或者说武术既有制人的功能，也有育人的功能。制人之术，是学会做人、学会生活、学会立世的手段。

截拳道的内涵及内在精神

截拳道是喜欢“无形”的，也是讲求“无形”的，汲取所有门派的精华而为己所用，如果每一个习武者都为自己设立了一个固定模式的话，那么就无法去接受其他门派的精华。正因为截拳道没有固定与僵化的形式，所以它才能够兼收并蓄，去不断地完善自己与突破自己。因此，截拳道可以使用一切对自己有用的手段和技巧，但却不会受特定风格的束缚和影响。反之，为了达到目的，截拳道又提倡习者可使用一切手段，而所谓的目的，不外乎就是为了使自己能成为最终的胜利者。

在此，希望初学者们乃至于武术家不要只注重那些华而不实的东西，尽管那些东西能吸引人们的眼球，但却解决不了你的根本问题，所以你必须致力于去追求武术的根本，亦去探寻武术的本质。就截拳道而言，议论以如何的细节，再去搭配如何的技法，可以说丝毫不具意义，只有卸下包袱去探寻武术的根本，才是悟得开花之道，才是寻求正途的唯一方法，这就如水的无比渗透性与强韧的穿透力一样，能够深达地中，也能够透蚀坚硬的石头，只有以这种毅力与精神才可以触及问题的核心处，以求得解决之道，进而达到成功之道。

在实战中，只有抱有坚韧的意志和必胜的信念，并付出足够的努力，才能迈进武学的殿堂。在这个过程中，还须忘却赞誉和痛苦，纵使皮开肉绽，也要置敌人于死地，因为格斗是残酷的，只有一个最终的胜者，你必须去设法重创对方。如果只顾虑自己生命的安危，就是纵容敌人，因为在你产生顾虑与进行思维的同时，必会留给对方逃生的机会或乘机反击的机会，最后则必定会伤害到自己。总之，搏斗即是折断敌人的骨头，将其生命操于自己的手中。请记住，武术是战争的一个缩影，而战争是残酷的，武术的对抗亦同样如此。

李小龙说“截拳道”是没有形式的拳道，它没有门派之分，所谓的“截拳道”只不过是为了便于称呼的一个名谓而已，但它却顺应任何的门派，因为截拳道蕴含着其他门派的格斗精技，并择用任何门派的技法去全力以赴，从而重创对手。

搏斗的成败取决于内在精神。唯有在内在精神上不虑不惧的搏

击家，才能临敌不畏，并成为最终的胜利者。所以真正进行搏斗的时候，必须在心理上有自认为是“不输于任何人的优胜者”的坚定意念与必胜信念，如此才可最终达成目的。而有些人一到上场去格斗的时候，便会变得全身乏力，心跳加速，致使动作变形，无法进行有效的格斗，经验丰富的搏击家认为这些现象并非“内在心理上的弱点”，而是他们的心理负担过重而导致的现象，也就是因为压力过大而导致。从另一方面来说，这一现象则又表示此人已有“充分准备做剧烈运动”的征兆，因此，不必为全身的紧张而困惑，只需满怀信心去全力赴战即可。

无法控制感情的人在进行搏斗时，将会因情绪上的起伏不定而瞬间失去发挥有利攻击的机会，或者使身体变得僵硬，动作呆滞而不灵活。因此，为了避免临阵失常，每一个武术家都必须学会自我控制感情与情绪，以适应瞬息万变的种种状况。就李小龙的经验而言，每个人只有咬紧牙关去克服体力上的极限，才能够持续不断地发挥体力上的最大效用，当然，如果平常努力不够的话，则无法完全在关键时刻发挥出本身所具有的潜在能力。在这里，纵使身心俱疲至极，只要抱着“必胜必成”的决心去全力以赴，必能达到目的。换言之，唯有在决心坚定不移的情况下才能真正获得胜利。

搏斗中，真正的搏击家自会将“自我”全部投注于武术中，也就是将习武与生活融为一体，因为他们平常努力的程度足够，所以能够在关键时刻有效发挥自我的潜力，去击败任何对手。他们不仅需要不断地进行刻苦锻炼，而且锻炼的方法更须科学而严格。另外，有效的攻击还需依赖于劲贯神集以及意志坚定。例如，每一个人对于运动的能力有所不同，其中有些人的动作灵活与敏捷，并且自然而优美；但有些人却很容易紧张，从而导致动作呆滞与迟缓。像这

种个人禀赋的差异，与经验多少的关系不大。那么真正的原因是什么呢？答案是在于个人是否具有统合精神与肌肉的能力。有些人天生便具有良好的统合与协调的能力，而有些人却天生缺乏这种良好的协调能力，然而通过后天的勤奋锻炼后，却可以强化与弥补这种能力。值得注意的是，那些锻炼中的截拳道习练者，在进行真实的搏斗之际，精神上应首先要从容，而且眼睛须盯紧对方的眼睛。至于表情方面，则需要与平常无异，也就是表情要自然，让人看不出你是在做生死之斗。

截拳道的外形与心境

李小龙特别强调在对敌实战时的真实情形，因为实战对抗可不能像跟师兄、师弟们的对练那样，可以事先约定进行攻击的招术，然后再按固定的模式进行对抗。真实的格斗情景则是千变万化的，因为你要与同样具有破坏力的对手进行生死搏斗。李小龙还说过，武术是一种求真的艺术;在“求真”的道路上，无所谓正确和不正确，而只需以个人的方法与观点去探索和表达即可。

如果只知道盲从和模仿，则永远也无法找到武术的真谛，更何况注重盲从和模仿的拳手，还是那么地不切合实际和远离武术的真理！我们纵观两人打斗的过程，会因个人的观念不同而产生出不同的看法，此时所运用的动作叫什么名称，以及源自何种流派，并不是最重要的，最重要的是能够凭它去击倒对手。另一方面，只要能有效地去击败对手，我们就应掌握任何一个机会，并以任何一种方式去表达自己的欲望。

通常情况下，拥有“高手”之称的搏击家，均能擅于出其不意地制敌于先。事实上，一流的搏击家总能够随心所欲地去欺惑对方，

以迫使对方手忙脚乱，并露出空当以利于我方进行有效的攻击。就截拳道而言，情形亦出于此。因为截拳道是一种智者的运动。

所谓的“高手”是在采取攻击的时候，为了制造心理上的震撼作用以吓阻和干扰对方，有时可以宛如猛兽一般地大胆行动，亦可以学会像狐狸一般的聪明和机智，以及犹如猫一般的敏捷，还犹如眼镜蛇一般的强悍与刁钻，如此才能使你的动作敏捷、果断与劲贯神集，才能把握住快、准、狠的技击原则，全力重创对手。

截拳道是追求精神和肉体完全自由的修炼方法，也可以说对截拳道的学习只求心悟，而不是依靠蛮力。截拳道的妙技与高超之处就在于单纯、精简，以及直指问题的核心处。即如何表现自我——浑然的自我。并且必须抛开执着与偏见的束缚，直接迈往自由之境，亦即武术的锻炼尤需自由无羁的心境。

在搏斗中，如果按照西方的拳击家、日本的空手道家或传统功夫家等专家们的眼光，来观察街头巷尾的残酷打斗，其结果将会很难有完整的客观性，因为那些专家们或大师们很容易受到片面观点的局限和束缚。因此，只有以不受任何武术门派所限制的自由的观点来观察和探讨，才能真正明察格斗的整体性，这同时也是寻得事物整体性的必要条件和正确方法。

附带条件的精神状态绝不是自由的精神，而是受一定形式的束缚。而曾经受附带条件束缚过的搏击家,则始终会容易做出“形式化”的僵化动作，他甚至不用去看对方的动作如何，而只是按自己的想法去应战，因此他必输无疑，因为他根本无法做到“因敌而变”，总之他是在做徒然无用的啸叫。决斗时还必须全神贯注于对方的一举一动，特别是对方的眼神，因为眼睛是心灵的窗户，即从观察中去发觉敌人的弱点所在，并全力予以痛击。而且为了发挥攻击的最大

效果，当然还须视察到一切可能发生的状况，并且攻击要狠、要果断和坚决，决不能掉以轻心或松懈，同时，还要封住敌人的攻击行动，并迫使他处于防守的被动地位，接着再连续施以有力的攻击，不让他有喘息、休憩的片刻。

截拳道的格斗形态及动作的运动姿势

在现实中，搏击家有两种类型：一种是“机械型”的搏击家；另一种则是“智能型”的搏击家。

首先，说一下“机械型”的搏击家，这种类型的斗士只需反复练习某些固定招式就可以去应付实战，他从头到尾都是僵化的。而“智能型”的搏击家则会不断地检讨自问:这是为何？何时训练最佳？如何才能做得最好？在深思熟虑之后，再去勤加练习，即由严谨的思考和切实的行动来学习和逐步掌握有用的技术和战术，所以他是有条不紊和深具自信的。

智能型的搏击家，也就是观察敏锐与善于思维的搏击家，他们绝不会发出无益的拳打或脚踢的攻击动作。当然，在格斗中有不少搏击家都认为：攻击时的失败可能是速度迟缓的缘故，但真正的原因则是攻击手段与攻击时机选择上的错误。在这里，机械型的搏击家常常在实践中遭到失败的原因，当然亦类同于上述的后者。

探索中的截拳道习练者，除了要有自信心之外，还应随时保持活力，且能够下意识地应付对方的各种攻击动作，以及能够有效而准确地发起攻击，而且还需反复磨炼成自动化的“条件反射”动作，因为这种“本能化”的反应一旦确立之后，只要有刺激产生，己方就能产生特定的行动，直接给予对方以有效的打击。因此，要想成为一名高手，需花费一些时日，循序渐进地练习，也就是逐步从“机械型”到“智能型”进行转变，直至能对敌方的各种攻击手段完全达到应付自如的阶段为止。

在练习中如果你的姿势正确，则动作会流畅而自然，体力的花费也不多，却可以达到更加有效的目的。换句话说，就是良好的动作姿势是最省力而又能达到出拳、发招效果的一种身体状态。反之，如果拳手的姿势不正确的话，将会出现许多不必要的多余动作，不但无法达到根本目的，反而还会弄得疲惫不堪，甚至贻误战机。

在提到完美的动作姿势之前，还需要先谈一谈在截拳道的训练中极为重要的“肌肉运动知觉”问题。所谓的“肌肉运动知觉”是指人体对有关肌肉收缩和缓和的本体感受能力，也就是对肌肉运动状况的感知能力，也可以称为是“肌肉本体感觉”。当然在所有的体育运动项目中，“肌肉运动知觉”是主导身体运动的最基本要素，因此需要我们多去细心体会。在平常的训练中，我们就应该习惯“以最小的努力去追求最大的效果”，并增强“肌肉运动知觉”，以便收到事半功倍的效果，因为“肌肉运动知觉”对于姿势的正确与否具有很大的决定性。

正确的姿势是武术训练中不可缺少的要素之一，还能够放松心情，以及祛除紧张感，当然最重要的是可以充分发挥人体内的运动潜能，并将这种巨大的攻击能量有效地作用于对方的身体要害部位上，给予对方以致命的打击。正确的姿势也受到精神上的控制，而紧张感的缓和则必须靠自我的调节和努力的控制。

格斗中的平衡是制胜的关键因素之一，也是良好的姿势绝不可缺少的。每个人无论是出拳或踢脚时，均不易维持身体的正常姿势，因此需善于保持平衡，并多于搏击训练中去体会平衡的感觉。

另外，还需记住下列最重要的一点：在格斗中一定要保持心情

与肢体的放松，因为你的身体和神经一旦过于紧张的话，对技术的发挥就肯定失常，由此还会失去身体的柔韧性与对时机的精确判断能力，此类要素对成功的搏击者来说是不可缺少的。所以，优秀的格斗者需经常练习对神经与肌肉的协调能力，并随时保持放松的状态，为你的有效攻击行动积蓄力量。

练习截拳道的要求

❖ 良好的协调能力

在截拳道中，协调是指动作之间的关系能彼此协调一致，这包括无论在用力上、动作外形上以及动作细节上都要准确协调，而没有多余的动作和妨碍效果发挥的其他因素，也就是通过“协调”来将你的动作潜能发挥到极限。李小龙则认为“协调”是一种特有的能力，它能使一个人得以有效而舒畅地运用全身所有机能与人体内的潜能，去随心所欲地支配他的动作能力。

人体协调能力的优劣，在某种程度上决定了一个人的攻击速度、耐久力、灵活性及打击的准确程度的增减。根据李小龙的分析，人体的“主动肌”与“对抗肌”如果不协调，就会增加肌肉的能量消耗，并造成肌肉过早的疲劳，进而大大降低了动作效果。并由于神经与肌肉的过分紧张，也就出现了多余的动作，这不仅在搏击中不能头脑清醒地观察对手的意图、行动，同时还很容易暴露自己的意图，从而使自己失去攻击和反击的最有利时机，反而给对手造成了可乘之机。

据李小龙的解释：动作的协调还意味着动作的正确，故拳手通常要有丝毫不差地发挥劲力的能力和意识。他还要求：动作既要能以最简单、最不费力与最流畅的方式发出，又要达到动作所要求的标准，从而达到迅速有力的效果，而这一切又无疑是动作奏效的前提条件。因此，我们要先要求掌握协调、正确的动作要领，然后才是动作的力量和速度，这亦是练习搏击术的最佳方法和正当途径。

❖ 具备自信

在格斗中，李小龙要求拳手须时刻充满自信的态度，从而牢牢把握格斗中的主动权。李小龙在这里所指的“态度”乃是一种最佳的心理状态，对此他还要求在进行比赛之前，必须在心理上进入战斗的状态，要有充分的自信心与旺盛的斗志，以及全力赴战的愿望。他还说，“你不妨把自己当作冠军式的人物”，当你真正达到这种状态时，你已经无所畏惧，而且胸有成竹，这是对心理状态自我调节的高效手段，也是在格斗中取胜的必备要素之一。

上述心理状态的产生，是长期进行严格训练的结果，不是一蹴而就的，而是以坚强的意志、充分的信心以及对比赛任务具有高度责任感为基础的绝佳表现。为了培养高超的战斗意志，就要进行艰苦、复杂的系统训练，并逐步适应实战的环境。正如李小龙所说的那样：“为了培养出这种良好的心理状态，必须经常进行比其他人更久、更多、更苦和更快的训练。”

总而言之，用李小龙的一句话来说就是：“自信心使我获得成功。”

❖ 格斗中要镇定放松

李小龙认为，欲在搏击中沉住气，首先得解放自己的思想，也就是必须要充分相信自己的技术力量与格斗实力，而且心理要稳定与沉淀，如此才能够得以看准对手的一举一动。但是，有些人在搏击中往往在未交手之前，还能够沉住气，但一旦开始交手后，特别

是被对手击中有效部位时，就会出现心慌意乱的不利状况，如此，便看不清对手的意图，也就不清楚对方的真假虚实了，并导致全盘皆输。

在搏斗中，有时即便对方做一个较小的假动作，都会使你手脚失措与阵脚大乱。此时你应后退一步，以缩小防守面积，并仔细观察对手的意图，如果在较短的时间内还无法使自己的心情平静下来的话，可连续采用主动的防守或闪躲动作，以求赢得调整的时间与机会。待自己的心情稳定下来时，或已移动到对自己更加有利的位置时，可再伺机发起有效的反击行动。

由于截拳道是一项对抗很激烈的技击运动，因此对斗士的体力要求很高。然而是否体力好的拳手，就一定能够在搏击中取胜呢？当然未必，因为搏击是一项技巧性很高的艺术，或者说首先是一种斗智的艺术。对此，合理地安排自己的体力是关系到全局的关键，如果滥用体力，试图单凭良好的体力和速度来取胜的话，则很容易陷入对手的消耗战的圈套之中。所以，为了能够始终保持良好的竞技状态，应该学会如何放松。

而且要从戒备势就开始学会放松，只有当你的肢体充分放松了，你的攻击与防御的动作才会灵活和流畅，打击的速度也才能够快如闪电；而且只有在放松的状况下出招，才能够充分发挥肌肉收缩的力量，并由此产生强大的富有弹性的迅猛爆发力，当然只有这种瞬间的爆发力才能够去“穿透”对手。如果是在肌肉极为紧张的状态下去出招攻击的话，速度自然就不可能快，也就无法形成迅猛的“瞬间爆发力”，当然对手也很容易发现你的攻击路线和意图。因而出招攻击时必须是在充分放松的状态下并以最快的速度果断出击，且在接触到目标的一瞬间才能突然握紧拳头，用来发挥截拳道中所特有

的“瞬间爆发力”(也就是“寸劲”)。换言之,只有肢体充分地放松了,才会有更快的速度,才会有强劲的爆发力,才能够进行持久的格斗。这里所说的放松只是指肉体的适度放松,而绝非精神和意志上的松懈,我们必须将它们分清楚。

在实战中,放松虽然是一种生理上的状态,但却是由心理状态所控制着的,因此我们需要用下意识的努力来控制自己的思想。还要用“知觉”“练习”与“意愿”来锻炼自己的心理,并形成努力思考、探索的习惯,以便使身体能产生一种新的有效行动的习惯性。

在运动中,对于放松的锻炼是要靠心理上冷静的培养与情绪上

的控制来达到的。放松的状态能使自己的精神与肉体的功能趋于最大的极限，并使自己能自由地运用身体各部位的机能，最重要的是能够使精神与肉体高度地融合在一起。

在格斗中，放松并不意味着是散漫与松懈，更不是迟钝与缓慢的同义词，当然也不是与轻忽大意相同的字眼。在截拳道中，对放松的要求不仅是肌肉的放松，更重要的是对心灵与注意力集中的要求，也就是在肌肉与躯体放松的同时，注意力则要相对的集中。

经验老到的格斗者，大都懂得如何采取良好的动作姿势来保持体力；而一个优秀的拳手，往往能尽量减少无谓且不必要的动作，来使自己的每一个打击动作都变得更加有效，并由此更加减少自己体力上的不必要的损失，而这一切，又都有赖于你的肌肉与神经的有效放松。而一个真正的高手，在极佳的动作姿势中，常常能够妥善地保留自己的体力，以备进行长时间的格斗时运用，或者是为了更加强劲有力的表现而准备着。

❖ 良好的节奏运用

在截拳道中，根据对方速度的快慢来调整我方的速度以相配合的技术与能力，则称之为“节奏”。

最理想的状况是，先迫使对方迁就或习惯于我的速度，然后我再突然加快速度去重击,迫使对方苦于应付我在速度上的变化。如此，我将在速度上与搏击的主动权上取得优势，进而达到“制人，而不受制于人”的目的，同时在精神上也可以取得优势地位。这是一种特别的韵律，且一连串的高效打击动作均由它而产生。

在实战中，对节奏的正确判断，可以使自己对每一拳与每一脚皆有冷静有效的控制。因此良好的控制能力，又可以使自己能够更

从容地去选择攻防时的正确招式与最佳时机。而快速的出拳攻击通常可使对手措手不及，这就是我们所谓的“攻击即最佳的防御方法”，不去主动攻击，又如何获取搏击的主动权呢？

倘若自己在速度上占有较大的优势，则常可领先对方做动作。换言之，对方的动作只能是被动地跟着做，这就是我们所重点研究的“如何去控制对手，并不被对手控制”。所以，一个人如果在速度上占据优势的话，那么在其他方面也可以占有不少优势。但最重要的是信心的具备，因为这是一种精神上的武器，如果能够善加运用，则常可令敌方因己方快速的攻击动作而丧胆畏惧。在这里，一个十分有效的改变打击节奏的方法，就是减慢动作而非去加速，即突然减缓攻击的速度。譬如，在攻击的半途中突然停止做动作，以便诱使对方去改变其防御的方向，然后我方再突然去继续原先的动作，这就是李小龙所说的“半次攻击”的方法，此种怪异的攻击方法，常使对方在精神上或肉体上失去平衡。

❖ 良好的平衡要素

搏击家的姿势或架势的好坏，以及身体的平衡状况，是十分重要的。所谓的“平衡”，也就是人体在空间保持相对的静止状态。李小龙则称平衡能力是一种控制身体重心位置的能力。不过，他指的是“必须在运动中求平衡，而绝非是在静中去求平衡”，这种要求与传统武术是截然相反的。李小龙还要求出腿攻击时能随时踢向任何高度、角度，并且能够与各种手法、步法进行巧妙的配合。他还说过：“如果无法在任何时刻保持良好的平衡，则绝无效果可言。”

平衡来自正确的身体姿势，如两脚、身体、头等各部位的平衡，这些部位对平衡有很大的帮助。而身上各部位又都是传递体内力量

的关键，因此两脚或身体的姿势正确，自然会有助于全身姿势的正确性，进而促进力量的有效爆发。如果你的两脚步幅过宽的话，则会影响到你身体姿势的正确性，并破坏了移动的速度和动作的效率。反之，如果你的步幅过于狭窄的话，由于下盘不稳，速度上虽然会快捷一些，但却丧失了平衡和打击的威力。在实战中，利用正确的步幅保持身体的平衡，其秘诀是将全身重量平均落于两脚上，并且两脚间的距离可约与肩同宽，即两脚的间隔要适度，不可太宽，也不可太窄；全身的重量，亦如同西洋拳击一般，平均落于两脚上或微侧重于前脚，以便于能随时发起快速攻击。

培养良好的平衡姿势，需注意如下事项：

第一，适当降低身体的重心。

第二，两脚之间的步幅要保持自然与舒适。

第三，多利用迅捷的小动作，由重心平衡的静止状态转为动作状态之际。如何保持重心的平衡正是问题的关键所在，很值得我们去推敲与研究。

培养平衡感觉的练习方法如下：

1. 攻击、后退、反击之间，细心体会两脚相互的正确关系，以及脚与身体之间的关系。

2. 采用各种拳法或腿法攻击之际，需注意身体各部位的正确位置与良好的协调关系。

3. 亲身体验正确与不正确的平衡姿势，以比较两者之间的差异所在。

4. 提高平衡感觉的最好方法是跳绳。首先，可单脚原地跳，跳数次后换另一脚跳；其次，也可以是两脚交互跳，并尽最大的能力逐渐加速跳下去。跳 3 分钟，可中间休息 1 分钟，然后再跳 3 分钟，这种练习方法颇适合实战的需要。

值得注意的是：除了出拳或起脚以外，还必须避免做大跨步及在运动中不断把身体重心从一只脚移向另一脚的动作。因为这种大幅度移动的结果，往往会使你处于一种极不平衡或较容易受到攻击的位置。这样不仅阻碍了你强有力的攻击动作的发出，而且还会给对手造成进攻的机会。更为重要的是，不仅要在静止中保持良好的平衡，而且应该力求在运动中也要保持良好的平衡。特别是在有效的出拳和起腿时，必须力求做到用完美的平衡状态来控制身体。

在不断改变身体重心的情况下保持良好的平衡，这的确是一门不易掌握但必须练好的技艺。

良好的观察能力

两位水平高低相差无几的搏击家进行搏斗时，通常是以智慧的高低来决定胜负。所谓智慧就是指思考力、观察力与应变能力的精确与否。唯有思考力、观察力敏锐的搏击家，方能于瞬间拟定更高一筹的搏击策略。在这里，实力相当的搏斗，成败将取决于瞬间的思考力与观察力，还有应变能力的具备。至于搏击中的空当问题，则必须因对手的变化而随时应变，如果对付擅长进行组合攻击或手臂特长的对手时，则应该增长空当的时间。然而，当情况必要时，则必须在对手的凌厉攻势中奋勇迎战，以求出其不意，给敌人以巧妙的迎头痛击。

另外，心理上的作用亦应讲求策略的有效运用，如碰到冷静、沉着类型的对手时，就需采取适当的巧妙虚招或诱敌策略，去不断地干扰与迷惑对手；反之，当碰到神经质或浮躁难安的对手时，则应该果断、猛然地进行打击，以便促使他暴露出更多的破绽来，以

利于我方做最后的毁灭性攻击，如此必可立于不败之地。

总之，面对敌人，特别是面对强敌时，必须勤于观察和思考。因为未经过思考的技巧，对于搏击家将丝毫不具益处。同理可知，没有技巧的思考力也是毫无意义的。

截拳道的打击时机把握与掌握

在搏斗中，攻击的速度与对时机的良好把握能力是相辅相成的。当你在出招攻击时，倘若时机把握不准的话，则攻击定会大失效果。所以，准确的判断和把握攻击的时机是取胜的关键，也是高手与初学者最明显的区别之一。当然，在某种程度上来讲，打击的时机要比打击的速度重要得多。一个拳手对打击时机选择的正确与否，将会直接关系到其进攻和防守的成败。所以你的进攻和反击行动最好是发生在对手处于无能为力状态的时候，或者是当对手全神贯注于准备进攻或暂时地集中更多的注意力于进攻，而不是防守的情况下，以及对手处于运动之中时，都可以去巧妙而有效地攻击他。因为在他正做动作的过程中，是很难由此去转换动作或方向的。

一个老手与初学者的另一个区别就在于，老手能够随时发现有利于己方的机会，并能够运用自己的高超技术和过人的胆识去利用它，对此他每击出一拳或踢出一脚都是胸有成竹的，并且是直接而犀利的，而且他在发出最省力和最具有摧毁力的攻击之前，还能促使对手不断露出破绽。

现将搏击中的“攻”与“防”的最佳打击时机介绍如下：

主动进攻

当你的直接进攻或复合攻击行动迫使对手失去重心平衡或露出

空当之际，你切不可停顿，而是乘胜追击，要运用有效的连续组合猛攻动作，直至对手倒地不起为止。

防御反击

在对手进攻刚刚开始或刚结束而收手时，是绝佳的反击机会。

激战中

当你主动撤出时，可采用长距离的攻击性腿法去突然打击对手，借以扰乱对手的距离感。如果对手先撤出时，可不等其站稳，便马上运用腿法或其他连续攻击动作予以有效重击。

有时，欲有效地把握住时机，尤需包含许多威胁性的动作，如虚招等。而且一旦对方意图去防御此动作时，你可在对方迟疑的一瞬间果断出招去重创对方。一般来说，对时机的把握意味着在对方准备攻击之瞬间立刻加以攻击。由上看来，把握时机乃是把握极短暂的一瞬间，而在此瞬间对方是无法及时做出有效的反应与应变动作的。

下面介绍一下把握时机的练习方法：

第一，优秀的拳手需练习维持适当的距离的能力。在搏击中，要确保自己的距离感，并不时地在自己距离的界限上绕动，借以扰乱对方的距离感，并在对方被我方的动作困惑激怒后，而无意间踏前或不顾一切冲前时，可乘机予以致命的重击。

第二，当对方改变姿势或收手时，须于瞬间给以直接而突然的攻击，攻其措手不及。

第三，练习出招时，用一记简单而及时的直拳或前脚低位攻击

来对付正意图防御的对手，可能会更为有效。因为简捷的攻击可打对方以措手不及。当然，用此类招式去对付动作呈半圆形或做圆形消截防御的对手时，也是极好的招式，原因是“两点之间，直线最短”，所以我方可以有效地抢先命中对手。

另外，练习快速的出脚，也就是如闪电般的出击，是最经济而实用的招式，但同时还必须够劲与够狠。一记致命的脚踢与有力的拳打，须包含有两个先决条件：（1）杠杆作用；（2）把握时间。在这里，时间的把握是杠杆作用的累积效果，因此，抓住出腿的时机是有威力的踢击的秘诀所在。

截拳道攻击力的发挥与释放

力量是搏斗时肌肉紧张或收缩时所表现出来的一种能力。在技击中，如双方拳手的其他方面的条件相同，那么这时候谁的攻击力与杀伤力更强一些，谁就能够取得优势。

在实战中，你若想打出一记极具破坏力和杀伤力的攻击招式，就必须具备以下诸项要素：高质量的神经、肌肉收缩运用的能力，最大限度地利用体重的技巧，并用最强的攻击意识来完成动作。

在训练时，你应着重于以下几方面的锻炼：

❖ 提高神经、肌肉的运用质量

神经是一条连接肌纤维的物质，在体内由成千上万条的神经连成一种知觉，所以当神经接受外来的刺激时，会分别送达到肌肉纤维里面的诸多单元，如此连接神经的“束”就叫作运动单位。在肌肉组织中，这种单位有无数个，而且各个单位若同时都不动的话，则人体的攻击动作就产生不了大的力量，因为这些单位必须集中使

用，才会产生有效的结果。

外来的刺激经过神经并传到肌肉时，肌肉应该是立即产生反应才对，但是如果没有这种敏感的运动神经去连接的话，则完全没有办法产生打击的力量和技术。只有经过系统的训练后，人体肌肉内的运动神经才能发挥其应有的重要功能，并使人体可以做出高质量的打击动作。

❖ 充分利用体重的技巧

充分利用自己的体重，就是把全身的力量集于一拳或一脚上，当然你的这一强劲的打击动作又肯定是对准对方的要害部位发出的；而且当击出一拳时，不仅仅要用臂、腕的力量，而是要包括来自下肢、腰部、肩部的力量，并通过力的快速与协调的传递，将来自全身的力量集中于一个焦点上，从而致使打击的力点更加集中，当然在这种情况下的穿透力也就会更加强悍。因此，在训练中要多用身体去体会和感觉全身力量的“有效传递”和“瞬间发出”。

❖ 用最强的攻击意识来支配、完成训练

在技击训练中，主张以自己的精神为主宰，将精神与实战意识的锻炼放在首位。众所周知，人的意识将会影响人的思维和行为，而且靠人的精神力量的作用力，人们就能够去克服许多困难，并由此产生出非凡的攻击力，或是发挥出超乎寻常的智能。日本“空手道之父”大山培达曾说过：肌肉训练的时代行将结束，因为人体器官的负担能力已经达到极点，技术也不会再给运动带来什么更好的成绩，而只有人的大脑还空在那儿，没有加以充分利用。人脑的作用，无非就是想象，就是意念。搏击运动就是充分利用意念活动和精神

来调动和开发人的潜在能力。

那么，怎样进行实战意识的训练呢？对此，首先须使思想高度集中，腿或拳要有一触即发的感觉，并在虚实中求具体，练习时亦须“面前无人似有人”，实战搏击时则是“面前有人似无人”，以充分的自信去压倒对方。或者是神在手前，意透敌背，做到“人未动，意先动”，即从精神层面上去冲击对方的精神支撑点。在上述前提下，一旦发招攻击，定会如迅雷一般，无坚不摧。

截拳道求智胜

❖ 搏击需动脑筋

在搏击中，搏击家不仅仅是使用手和脚去格斗，更需要动脑筋，也就是以智取胜。所以当面对面进行搏斗的时候，应去设法洞察对手的弱点和特长，当然最重要的是要善于把握对手因其弱点所产生的虚隙，并适时采取有效的攻击行动，此时不可犹豫与迟疑，而应果断出招去进行简捷、强劲的攻击，因为时机稍纵即逝。

对搏击技巧的使用也要自然与顺畅，不必刻意要求力量的最大化，以免僵化了肌肉与迟滞了动作。另外，也要时常进行人的大脑皮质的锻炼，以能够正确地判断对方的思维与动作规律，并及时采取适当的攻击行动。其次，如何才能发现对方因弱点而露出的虚隙破绽呢？答案是：无论使用何种手段，都需要仔细去观察对手的癖好与习惯，并找出对方的动作规律，如此方能发现其虚隙，且根据所观察的结果采取适当的攻击手段，最后必可获得最佳的攻击效果。由于攻击动作是自然的，且动作又是发于瞬间的，故精神上需处于放松状态，这样在搏击之际，即使有新的情况出现，则仍然能够毫

无顾虑地专心于拟定应付的方法。这就是李小龙在截拳道中所倡导的“自然之法”。

总之,无论脑中所想的方法如何,只要想到什么就去果断做什么,不要犹豫,切勿拘泥于形式。另外,欲达成攻击的目的,还必须依循“观察、下达决心、行动”等三个步骤。即首先要观察敌我双方之间的距离,以及对手何时露出破绽,还要观察对方如何行动,待用直觉判断到攻击的最佳时机后,则须当机立断,迅速出击。而脑部传达命令给肌肉后,仍然需考虑到对方可能做出的反应,从而以“不变应万变”。同时,搏斗之间,身心上切勿疏于警戒提防,以防不测,这就是截拳道中所谓的“攻守同步”或“攻防合一”。

另外,比对方更加机灵与敏捷,且能够欺骗诱敌,也是实战中最重要的获胜手段之一。欲将计就计,欺骗与进一步控制对手,还需要熟知各种战术与不同的技法,并且需要预先判知什么时候应该采用什么拳法,什么状况下要采用什么战略战术。经过思考与理解后,可拟定出一套最适合于本身的格斗模式。其次,对已定的战术体系要反复进行练习,且组合的方法不拘,尝试运用的情形也不尽相同,使它更加符合实战的需要。不过,适当而有效的打击动作务必发于瞬间,以求自然无阻。

❖ 搏斗即斗智

搏斗即斗智,因为最具效果的搏斗方法有两点:第一,是以不变应付万变;第二,是攻击前或攻击中的韵律变更。

1. 以不变应万变的应用

“以不变应万变”的攻击技巧最具威力的地方,是在对方的一连串虚招佯攻之后,我方趁此虚隙突然强力进击,对方遭此突击必束

手无策，而来不及防御。因为对方总是认为我方在攻击前可能有准备，也就是在发起攻击前至少会先做几个连续虚招后才正式打击，而我方则反其道而行之，给予巧妙的迎头痛击。

2. 攻击前或攻击中的韵律变更

“韵律变更”是一个抽象的概念，也就是在发起攻击前或攻击中可出其不意地变换动作的韵律与节奏，用来破坏对方的防御体系，从而有效地突击对方。例如，可故意做出迟缓的假动作或缓慢地进行前进、后退，以松弛对方的警觉性，然后可突然出招做出致命的有效攻击，攻其以措手不及。此外，也可以先使用快速的虚招动作，然后再以较迟缓的动作进行攻击，以此来打乱对方的作战计划，最后可再用真实的攻击手段去突然重创对手。值得一提的是，这种攻击法将会因时机或场合的不同而有不同的效果。

截拳道的攻击技巧与反击

❖ 截拳道的攻击技巧

在截拳道中，发起进攻，应当按照自己的意志向在运动中或静止中的对手去突然发起攻击，力求攻敌以措手不及。一次完美的进攻，应是战略、速度、时机、欺敌和敏锐而准确判断的有机结合。一名优秀的拳手，要在日常训练中去力求掌握这些关键要素，而且进攻的方法也应视对手的防御形式而定，也就是进行攻击时，首先要估计到对手可能做出的反应。搏斗中，攻击大致可分为 5 种方法：

1. 简单角度的攻击

这是从出人意料的角度去出招做精简、直接与强劲的攻击，有时可配合虚招以欺敌，或者以步法重新调整距离后再攻击，当然最重要的攻击因素是要突然。

2．封手攻击

即在防御的同时进行反击的方法，它体现的是截拳道中的“连消带打”这一要诀的运用。

3．渐进间接攻击

系利用虚招或假动作诱使对方露出破绽后再予以快速攻击的方法，用来提高攻击的效果。在实战中运用“渐进间接攻击”时，最初的动作应尽量小，后半段的动作则必须快速而有力。

4．联合攻击法（组合攻击）

这是配合一连串的打击技术的攻击手段，它是利用连环的拳打和脚踢的追击法，来诱使敌人露出更多的弱点，进而对其予以致命的重击。

5．诱敌攻击

是一种“设陷阱诱敌”的攻击方法，即故意暴露出自己的空门来诱使敌人进行攻击，然后再抓住有利的时机快速进行有效的反击。而且每当敌人受诱惑而前进一步时，就应立刻判知他下一步的攻击行动。换句话说就是：如果你能洞察到对手要干什么，那就等于你已经胜了一半。

另外，攻击的方法还取决于对方的防御手段。两位技术水准相近的搏击家进行搏斗时，最后的胜败往往取决于彼此的防御手段的优劣。而且为了使攻击动作能够奏效，务必事先准确地测知对方可能采取的防御方式。所以与敌人进行格斗时，甚至要观察到他个人的喜好或恶癖等细微之处，以便能选择最适当的时机进行最有力的攻击。可是，也不能一味地去盲目进行连续攻击：当碰到擅于防守风格的对手时，则首先要诱使他失去身体重心，然后再出其不意地

去实施突然的连续攻击。但是必须把握好最恰当的攻击时间，方能减少对方进行反击的可能性，并节省时间，进而给予对方以更强有力的再攻击。

❖ 截拳道的反击

在搏斗中，反击是一种妙策，虽然练习时的难度较高，但一旦熟练后，运用时则相当安全。当然，对于对手来说，却具有极大的威胁力，因为他在逼近我方时极易遭到我方的突然打击。其次，如果跟一个和你的技艺差不多的对手交手时，可能会因为对手在发起攻击时处于暴露的状态，而使你占据一定的优势，所以说反击是一种更高形式的攻击。

在格斗中，对于对手的攻击务必予以反击，即使对方攻来的拳不重，仍然需要予以应对。如果是被对手的一记重拳吓唬住的话，那必定会失利并反而让对手占据优势。在这里,纵使反击的动作简单，但有毕竟胜于无，而且只要你的反击动作突然性较强的话，就肯定能产生效果。

一般而言，将对方的攻击动作消解之后应立即进行反击，如此能迫使对方处于被动的状态。等对方攻击动作结束的同时，应迅速地抢先攻击，则可于对方的意料之外得手。还有一种情况是当对方出招的同时，就须迅速找准其空当，然后果断地出招去突然打击对方，这也就是李小龙所说的“敌不动，我不动，敌一动我就先发制人”的技击原理。相对应的，也可以在消解对方的攻击后，并借此控制住对方的手臂，同时由另一手出招去重击对手，这在截拳道中叫“封手攻击法”。此外，碰到对手踏前攻击时，可不必迟疑，而是迅速以直线式的简捷攻击动作予以反击，给予对方以有效的迎头痛击，这

在截拳道中叫“迎击”。

反击之后，要一直压制对手，不给他以喘息之机，直到将他击倒为止，而且在他寻机进行反扑时，我方还要特别警惕惯用两次攻击的对手，也就是那些善于运用假动作的对手，因为他的第一次攻击往往只是引诱的动作，而当你要反击时，他却发起了第二次攻击，而这第二次攻击才是他的真正攻击动作。正常的情形是，我方须设法阻击与破坏掉对方的第一个攻击动作，致使他后面的连续打击动作无法发挥出来。

任何有效的反击行动均需靠敏锐的反射神经去发挥作用，因为反击行动可以说是人体本能上的瞬间动作。在实战中，反击往往是在闪躲开对方的一击之后，并趁对方拳势落空以及身体失去平衡的瞬间果断地予以痛击。此外，反击时的瞬间反应动作，也和其他技巧一样，是要靠平时的不懈训练慢慢培养出来的。如果一个拳手平常训练有素的话，在真正搏击的时候，自然能够洞察对方的虚实，进而可决定施展合适的攻击技巧去坚决挫败对方。

然而，不可否认的是，任何反击动作即使再巧妙，也不如先发制人，也就是必须抢先进行攻击才能获得主动地位。反之，由于反击是防守的姿势，故通常会受到来自对方的攻击行动的支配和影响，这种情形就好像百米赛跑的起跑时，施发号令的权力是操于裁判之手的。另外，在某些时候，迫使对方穷于应付，使其无法恢复，这的确是很聪明的手段，但是你必须清楚，对手是否在利用假动作来引你上钩。

攻击与反击的动作无论有多么巧妙，倘不能以正确的时机与正确的速度发招，通常难免失败。

截拳道中的实战感觉培养

在截拳道中，每一个练习者都须体会在攻击时、连续攻击时、后撤或进行反击时，仍然能维持双脚间及双脚与身体间的适当姿势，也就是以稳固的身体状态去发起强有力的攻击，但同时需要注意在各种拳脚攻击时的姿势变化，也就是能够根据实际情况去灵活应变。例如，如果有必要的话，能在走路的速度下做所有的动作，并体会身体在平衡与不平衡时的感觉。向前、向后并向两侧移步，协调拳与脚的结合方式，而且出招要够劲、够快。攻击时最重要的是能保持身体的平衡与快速的收招。

身体感觉往往意味着肉体与精神的一种“和谐”与“一体”的相互作用关系。下面分别介绍技击中的身体与精神上的感觉。

❖ 攻击时的身体感觉

1. 在攻击前、后与攻击时考虑平衡的感觉与情形。

2. 攻击时及攻击前后，要考虑自身的防守是否严密。

3. 学习和研究如何攻入对手的防守线，并贴进对手做动作的手与脚的内侧，即突入对方的“内线”去突然重创他。

4. 培养意欲在攻击中准确的命中目标的“愿望”。

5. 考虑精神的充沛与否。

6. 以机警、小心留神来应付攻、守形势的突然变化。

7. 随时严密地注意对方，留神看清对方的一举一动，并快速决定己方该采取何种策略。

8. 多练习有效地攻击一个移动中的目标，并犹能保持放松的状态，去自如快捷地打击对方。

❖ 防御时身体上的感觉

1. 仔细研究对方的动作与发招的方式，以及研究对方的动作习惯是否有任何征兆可寻，是否有漏洞可以利用。

2. 练习预知对方的第二下、第三下的攻击动作和能力，由此可以知道对方的打法为何，并解决简单直接攻击所不能得手的问题。

3. 获知对方防守力薄弱，无可自救时的情况为何。

4. 将利害相权衡，并乘势追击对方，不可迟疑。

5. 诱使对方失去平衡，而自己犹能维持良好的控制。

6. 向后撤步时犹能保持动作的效率，并实验进行不同移步时的情形。

一个高手常能在维持良好平衡的同时，可以做出具有决定性的一拳或一脚的攻击。但须配合下述要领去快速出击：正确一致的发招时间；正确的距离感；正确地计算时机，把握时间流畅而快速地移动。

截拳道的灵魂

在武术的久远历史中，盲从与模仿，似为大多数习武人的通病，其原因主要是因为人的天性的关系，再者也与保守、传统的派别观念有关。因此，欲求一位有创新意识的、开明的老师是十分不易的。

每个属于某门某派的习武者总会认为自己是真理的唯一拥有者，但由于他们并没有真正地去面对过实际的搏击，因此大多数人均与真正的功夫相去甚远，因为实际的搏击往往是简捷而直接的，而传统观念的拥护者们则是曲解了它，而不会直接去理解和探讨真正的核心问题。这些人往往妄凭花巧的招式与机械化的技巧去应对真正

的搏击情况，其实是相对危险的。当你真正与人进行搏击时，搏击并不是固定的，而是活的与瞬息万变的，而花招与空想的招式则既是无用的，同时还局限、僵化了原来是流动着的技巧。

一旦真的感情愤怒或恐惧发生时，搏击手能以传统的形式与技巧来表达吗？肯定是不能的，因为真正的搏击是极为残酷的，稍有不慎即会被重创倒地。倘若真想取胜，应以真正的人的自主人格来表达自己，千万不要如疯牛般去接受别人的逗引与控制。你要走向成功，就不要偏限于自己的派别模式中，因为那样会阻止与扼杀了你的创新意识与整体观念。

传统的武术家往往不去直接探讨问题的关键所在，反而去盲从所附会的形式，以及固定的招式上，并且是愈陷愈深，至不可自拔的地步。另外，一个人所受的教导既是偏颇与歪曲的，也是无法明确地辨别何者是正确的，对此他必须去接受心灵上的洗涤，去更新自己的旧有观念，直至能认识到事物的本质为止。

只有避免僵化的技巧与思维，方有自由可言。一个头脑明晰、反应敏锐的人，往往能够捕捉住最佳的时机，迟疑是习武者之天敌。如果以固定的模式去搏击，显然是有局限的，而此种行为是与自由背道而驰的。如果不能以自由的心态来修习武术，必会带来更大的阻力与矛盾。像这种固定的形式，不但无法适应真实情况下的变化，而且也只能是在为自己制造槛笼罢了，而事实上真理则是在牢笼之外的。因为僵化的打斗模式与套路都只是无谓的重复，它只能使自己自以为是地避开面对真实敌人时的自我探讨。此种累积是对“自我”的封闭，以及对自己进步的最大阻碍。

传统的武术家只抱着传统的观念，他们在照着不变的模式去例行工作方式，他们的动作均是承袭旧的观念与模式而无创新，他们慢慢地埋没了自己的创造力与发展潜力。在现实中，知识是固定在某一段时间的，今日是，明日可能已经不是；而求知却是永远不断的。如何能使传统的门派，以及所谓的专家与制度更趋于灵活变化之境？而把他们从传统的枷锁中解放出来呢？那就是要让他们放开心灵，而去追求自由之心。要知道传统中只是静态、固定、僵化的理念，他们或许也可指出路来，但那条路是有限的，绝不能趋于灵活变化之境。

截拳道的真理取决于与对手的关系，因此，它不会静止不动，而是灵活变化的，而绝非静态的。当然格斗中的真理并不是绝对的，截拳道不断地改变着。换言之，截拳道的真理并无休止之境，而且无形、无固定之组织。一旦你见之，你当会知道灵活变化之物亦是自己应为之的。而那些静态的、人为的形式，以及固定的动作都是绝对无法表达截拳道的那种灵活变化着的自我的。也就是说，传统的练习形式只可能会迟钝你的创造力，以及冻结你的自由感性，而不会帮你摆脱传统的枷锁；一旦陷入了传统的泥潭中，此时的你就不再是你自己了，而只是一个无知性的机器了，因为那时的你只会机械地照着做罢了。

欲了解搏击，需以极简捷直接的方式为之。因为了解的产生是经由感觉而来的，它在某一瞬间由关系的明镜前映出。另外，欲了解自己，必是由与别人的接触后方可反求自己，因为闭门造车是无法提升自己的。倘若今夜我看到的是一全然簇新的事物，而这个事物又为我的经验所感觉得到，而到了明日如果还想重温一下此种感觉，以及体验其中的乐趣的话，则此种经历将会变得麻木和无甚知觉。所以，真实的东西也唯有在当时可见罢了，也就是说真理是没有明日可谓的。

当我们深入研究一个问题时，可能会发觉真理的所在。因为问题之中自会隐含着答案，也就是说了解问题的同时也解决了问题。同样的道理，你在修习与提升自己的心灵的同时，则必然会将你内在的精神状态提升到一个更高的高度。思想只是记忆的反映，而记忆则经常只是局限于一部分的，因记忆只是经验的结果。因此，思想只是心灵由经验所产生的。知心何以空，何以静；以空灵之心，无形、无法来面对敌人。

在哲理中，初始的心原本是无活动的，而道是需无思以行的。内视自己才深知自己原本天性并非可创的。如你能不拘泥于外物，也不为外物所影响和控制的话，自会有静与镇定产生。而且能静意即能无幻念，进而能无妄念。中国的武术是经过三千多年的演变与

流传的艺术，由于它们有求稳定的心理，人们便开始建立起行动、思想的模式和规范，久而久之，即变为此等模式之奴，并以此不实之模式为真了。这种探求某种动作的模式、规范，使得参与者得以有一定规则可循的现象，在拳击运动或篮球中或许是可行的。然李小龙所新创的截拳道则不然，因为截拳道之精神旨在自由之精义，是不该为任何模式所拘束的。

许多武术家常是盲目地接受其老师所传授的，结果反而造成了其行为、思想上的麻木和呆板。时间久了，他的反应自会依循着已有的固定模式去进行应变，使其心灵则会更加限制与狭窄。而自我的表达是整体的，是立即而无暇思考的，唯有肉体与心灵完全自由时，方可能完整地表达自我。此即为截拳道之真义！

截拳道自由

在截拳道的修习中或现实生活中，心灵的偏狭就意味着心灵的冻结。一个人一旦停止了其必需的自由与流动性，其心灵将不再是真正地处于心灵的状态，因为它已被僵化所封杀了。最重要的是从事某事的“过程”而非其完成结果。请记住一句禅理：没有动作者只有动作，没有经验者只有经验。

在李小龙的意识中，一无自我意识时，艺至其最高之境界。也就是说到了这时已经突破了自我，而不是再追求自我的阶段了。一个人一旦能超乎其所做事物的成败之关键，则必可发现何为“自由”。

截拳道是无任何形式的，也可以是任何形式的。正因为它无派无别，故而又可以适于任何派别。截拳道能够运用各门各派中的格斗精华，但却不为任何门派和风格所限；截拳道能善用一切有效的格斗技巧，而一切格斗手段又均为其所用。欲于截拳道中有所精进，

必须先对意志有控制锻炼的意念，也就是必须要有坚强的意志与充分的自信心，必须忘却胜负，忘却骄傲与苦痛，让自己从思维的误区中解脱出来。

不要惧怕对方的攻击，要让对手因挑战而遭受更为严厉的反击。在格斗中，失败时的最大谬误是预先对结果妄加臆测，也就是说优秀的拳手不应对成败得失有所在意，让一切自然发展下去，如此你的四肢与身体自会在适当的时机发起有效的打击行动。

截拳道使我们一旦确定了方向即不再回首反顾，它对生死是置之度外的。在格斗中，截拳道并不虚张声势，李小龙亦不再迂回地走着，而是朝向一直线目的，因为简捷的“一直线”是两点之间最短的距离，由此可最有效地去重创对手。

截拳道中的技巧简单、精湛之说，就是如何使自己的打击动作更加简捷与直接，以及如何去表现真正的自我，它是存在而真实的，它是人的潜能的最大发挥。真正的高手自然是自由而无拘束的，他只是在寻找着机会的出现，因为他需要一个良机去重创对方。

截拳道可谓开启智慧之火炬，它是生命之道，直接朝向意志力与控制力的动作。一个受过良好训练的拳手在各方面均能生动与有活力。然而在实际搏击中，他的心灵尤需冷静，不为外界所纷扰，如此方能以不变应万变。他一旦前进开始攻击，他的步法自然会轻盈与平稳，他的双眼亦在注视着敌人的一举一动，从外表上看他根本不像是要进行搏斗。

为了达到武术中的高深境界，你应做到：

第一，摧毁面对于你的敌人——消除自由、正义与人生的障碍。

第二，摧毁任何纷扰你心灵之物，但应能克服自己的贪婪、愤怒与愚昧，也就是以自己良好的心态去激发自己的格斗潜能。截拳道是注重自我发展与完善的武艺。

拳与脚均是消除自我意识的武器，这些武器代表着直觉的力，本能而直接，令对方难以应对。这些武器可使你一往直前而无回顾四盼，人天赋所具的纯洁心灵与空无一物的心理状态，使其四肢可善用此等性质，以期运用自如，而这对敌方来讲则是极具威胁性的。另外，如能抛弃那些陈腐老朽的技巧，方可至整体与自由灵活的运用。将心灵专注于一个焦点并使之警觉着，还需使之能瞬间知觉真理，而真理是各处无所不至的。心灵需由旧传统习惯、偏见、限制的思想过程中解脱出来。

在武术的锻炼中，应葆有自由的意识。因为一种受到限定与束缚的心灵是绝非自由的。欲迈进武术的殿堂，就须不为任何门派与传统所限，武术本该是自由的，我们只需发挥其自由的本质即可。而欲自由发挥并表达真正的自我，则昨日的一切须尽可抛开。因为由旧的传统固然可以获得一定的安全感，但在新的创造与变革中则可以获得流动性以及机变的武术，这才是真正的武术。如果你深信自由的可贵，心灵则必须学习正视生命，不受时空所限之生命。自由是存在于知觉人的意识内的，注视中切勿停止悟解，欲深悟生活于现在，昨日的一切均需抛却。

一个人一旦不能表达其自我，必不是自由的。由此，他开始挣扎，而挣扎则在酝酿一个目标——如何搏击。他必须去除阻碍其前进的一切障碍，无论是感情上的、身体上的或是知识上的。

在打斗中，能超越任何系统的约束，方可能自由与整体地为所欲为，去展现真实的自我。一个一心欲求真实的人，是不会受任何形式所束缚的，他只存在于何门派的观念和一切僵化形式上的束缚。然后，你的心灵方可能平和而一无偏颇。在此种沉静之中，你自可

清楚并且全面地去洞察万物。

倘若某门某派教你去如何搏击，你可能依据着他们的模式与方法的极致去攻击，然而那并非是实际的搏击。一旦你随着传统的模式去走，那么你所了解的也只是旧有的老路子，也就是传统与传统所造成的阴影罢了，因为你并不了解自己。如果单单只是重复地演练规则化的、固定的动作，则会剥夺搏击之“灵活”与“真”，如此也就失去了武术的灵魂。

截拳道讲求无形

李小龙祈望今日的武术家能更加注意武术的根本，也就是去探讨武术中本质的东西，而非武术华而不实的花叶。当然，在细节处的争论是可以由根本处了解的。

在搏斗中，不必在意何者是“柔”何者是“刚”，踢击与拳打，擒摔与拳打脚踢，长距离与贴身搏击之优劣，因为世上并无确切的何者比何者强的说法，只是看适不适合的问题。在求真的道理上，唯一需要防范的是，切勿使部分琐碎的东西去剥夺与掩盖了淳朴的整体。而且搏击之道也绝非是根据一个人的好恶来选择的，唯有每一时每一刻在搏击中去追寻、体验与求证方可，也唯有不受偏颇、歪曲或任何的模式所限时，方可能迈入截拳道的殿堂，求得身心的最大解放。

在搏击的艺术中，一直有着如何使自己更加成熟，以及如何使自己的格斗技巧更高的问题。而成熟是一个人的本质，是一个人在实体上渐进的进步，这也唯有从自由表达中的反省与自我要求中去获得，而绝非是仅仅靠模仿、重复传统的模式动作就能做到的。在武学中，有些门派偏重直线打击的动作，也有些门派偏好曲线或圆形的动作，这些偏重于某一方面的武术皆非自由的，也并非是完整的。而截拳道的技巧旨在自由地运用各种有效的动作，是一种注重自我又超越自我的武术。一种选择的方法，无论是多么的正确，亦唯有使人限于一模式内，所以到了武学的最高境界，就没有方法与模式的概念了，也就是所谓的“以武人哲”。

搏击是于瞬间之中产生出千变万化的技艺。如依循着某种模式化的方法去练习，则只会阻碍自己的发展，欲由之深解自己是绝无可能的。

截拳道是无所谓形的，故亦可适于任何形，并且因其无分派别，故亦可以适于任何派别。截拳道能善用各种有效的方法技巧，以求达到武术的最高境界。而武术的至高境界也必然是趋向于简捷的，并由此来以不变应万变。当然，境界不高的，就是那些花拳绣腿了。据李小龙所言，对于端正、消除外在的不实以及花巧、多余的招式，实际上是不难的，然而对内在的调整则相对较难。另外，唯有在无比较时方有何者为是的意念，当然这已是武学中的极高境界了，如此方可至无所纷争之境。

搏击绝不会因你是不同的派别，而有所不同。对此，你可不妨以自己所学的门派（无论是西洋拳、国术、空手道、泰国拳）来观察街头的格斗形式。当然，也唯有不为门派所限时，方可以清楚地对之观察入微。如此，才能无好憎地用客观全面的眼光来进行观察，并从中找到启发点。所以，截拳道面对的是实际，而非徒然的形式，因为截拳道注重的是实际的效果。

一个无所根本的搏击者，不可再谓之是真正的自我，他的移动犹如机械人，他使自我受到外在的影响，并埋葬了其独立的意识。而其独立意识是其迄今所从未知觉过的。所以，在现实中无所停留，

意味着所有事物其终极源流是人们所无法理解，也非时空所局限的。

在截拳道中，自我的表达是无法以形式化的练习来完成的。而形式的练习都只是表达的一部分。在这里，无形的“形”并非意味着完全没有形状，而是指没有僵化的理念与死板的招式。无形之形是由“形”或“型”进化至更高深、更完美的自我表达的境界。欲突破自己，需要深知自己的自觉。

许多武术家总想欲求更多，但一味欲求一些特别的东西，即不知真理。正所谓“大道至简”，而正道却蕴含在简单的动作中，正因是这样，他们却不能见之。倘若要说出原因的话，那便是在追寻中迷失了原来所存在的东西。倘欲求身体的不实的夸大与强己所难，自会偏离正道，如欲求心智的虚幻理想，定会无法见到实际的象。

第二章

截拳道基本技法

截拳道警戒式

李小龙创造的警戒式综合了跆拳道的防守式、拳击中的自由式和空手道等其他拳术的优点，并弥补了各自的不足之处，使之成为当今武坛独一无二、最富实战价值的防守式。美国武术界曾评价其是“迄今为止最完美、最合理的”，原因就在于它是最佳的迎敌姿势。在使用这一技术动作时，整个人处于最自然的状态，从而可以自由地、最大限度地发挥出自己的实力，最完美地展现着截拳道的魅力。

警戒式是拳手必须掌握的最基本姿势，刚开始警戒式所具有的意义不过是初学者们所体验的在格斗之前摆出的有利于进攻和防守的姿势，但这仅限于形方面的理解。随着长时间对形的把握以及将来在练功中、实战中对此形的锤炼，就能达到破守而立，臻至无形。此阶段的警戒式已经不是停留在形上了，而是超越形在精气神上所体现出来，此式（警戒式）一立，即有混元守一、万物在我胸中的境界。我想这也是宗师李小龙修炼中认可的境界吧。这也是本人在十数载截拳道修炼中的感悟。

❖ 警戒式的动作说明

我们以右前式为例，如果是左撇子则训练左前式。

两脚自然分开，距离约自己脚掌的三倍，即一自然步的宽度。两腿膝盖微微弯曲，前脚掌着地，略内旋，脚跟拔起。一般而言，前脚脚尖和后脚脚跟所连成的直线穿过对手所在的位置，即这三者在同一条直线上。后脚与该直线几乎成垂直 90 度角，前脚与该直线所成的锐角部分大致 45 ～ 60 度。这种微微触地的动作可增加平衡的效果，并减少身体的紧张程度，这个姿势有些近似于中国传统武

术中的半马步和虚步。李小龙也就是吸收了这两种步型的优点：马步稳固，虚步灵活，再稍加改进而成。前腿膝盖微微内扣，后腿的弯曲程度较前腿大，这些可维持松弛、快速、平衡且自然的状态。

后脚跟微微贴地。因为它要支撑体重的 65% 左右，如果用全脚掌着地的话，会使身体的趋动极不灵活。按上述要求，就使前脚摆脱了部分体重的束缚，因而变得轻便灵活，保证了进攻腿的灵活性，大大加快了进攻速度，使你随时出前脚踢击对手时，不用为转移重心而浪费过多的体能，且不会露出过大的征兆，在对手来不及防御时而踢中他。

前手处于自己与对手之间，是距离对手最近的部位，不仅起着防御作用，而且也是最重要的进攻武器，用它来截住对手的进攻和攻击对手都比后手容易，因为前手达到攻击目标所需经过的距离要比后手短得多，时间就相对用得少。后手主要起着防御作用，保护身体各个部位，但同时也是极其重要的进攻武器，两手的高度和位置要根据实战的不同情况而自行调整。

在一般情况下，就是说对手与自己高矮相仿，力量和技术水平相差不大时，可以采用戒备姿势的一般式，或叫自由式。前手高与肩平，在这个位置的机动性较大，上可拦，下可挡。后手放在下颌的前面，水平位置与前手略平，保护头、胸部。两个手都要能随时准备进攻和防守，且不能挡住眼睛的视线。手指部的姿势可根据自己的习惯或屈或直，或掌或拳，可自行决定，但都要求放松自然，李小龙习惯使用手的姿势是前手半握拳，后手手指自然弯曲。这些仅供大家参考，并不是固定不变的。

肩部也是非常重要的防御部位，它是用来保护头部的，特别是下颌。正确的肩部姿势应该是两肩微微耸起。肩部的耸起，遮住了

脸的下部，与此同时，下巴内收，尽量减少暴露的面积，让对手的拳头扑空或砸在肩膀上，肩部比起头部较禁得起打击。

❖ 警戒式的动作要领

在摆警戒式的时候，最重要的原则就是要适度。

以前手的位置为例，前手如果抬得过低，就会把自己的头部和面部过多地暴露给敌人，造成上盘防守空虚。如果放得过高，就会把胸部和腹部过多地暴露给敌人，造成中盘防守空虚，而且抬得过高的手还会挡住自己的视线，不利于对敌人的观察，唯有放在略低于下巴这一高低适中的位置时才能有效地全面防卫。而且肘部要竖以此护住自己的软肋，这也就是武术中常说的“肘不离肋”。

双腿的位置，如果在面对敌人时双腿合拢得过紧，则你根本无法站稳，很容易失去重心。如果双腿间的空隙过宽，你的前后移动就会很不方便，而且还会将自己下身最要害的部位——裆部暴露给对方。所以只有在适中的位置上时，也就是双腿的开立略超过自己的肩宽时，才是良好的格斗姿势。

在整个身体姿势上，要遵循适中的原则。如果你的身体站得过正，比如，与敌人面对面对峙的时候，则你的前后移动会变得很慢，难以向后躲开敌人的打击，裆部会暴露得很明显，因为这时你无法利用双腿之间形成的角度来护卫下阴。但如果你站得过侧的话，比如说，呈 90 度角完全侧向敌人的时候，你的后手将失去作用，根本打不着敌人。

我们的警戒式是以右手在前、左手在后为前提的，有力的手总要放在前面以伺机发出强劲有力的攻击，而用后手格挡或配合。如果站得过侧的话，右手在后面根本起不到作用，右腿也无法对敌施以重击，这就等于自己在破坏自己的重拳和重腿了。所以说，在整个身体的姿势上也要适中，在自己的身体以45度角的侧向面对敌人时，全身部位才能充分地参与到格斗中来，同时也可以最好地防御敌人的进攻。

❖ 关于警戒式的感悟

不同的武术流派有不同的警戒式，现代竞技散打、泰拳、拳击、跆拳道等，几乎大家都一致地认为，使用的警戒式为左前式面对敌人，即左手、左腿在前，除非你是左撇子才相反。

曾经有人误以为，李小龙的警戒式是左撇子人所使用的站桩，因为他是右手、右脚朝向敌人。但事实上，李小龙的说法是将较有力的手与脚朝向敌人，那也就是说李小龙不是左撇子。

我在长时间的截拳道修炼中，充分体会到，截拳道警戒式比传统的左前式确实具备优点，但是有个前提，那就是你的手和腿的速度必须比对手要快、准、狠，才能在一刹那对手要起脚的时候，先发制人。因为这种姿势，它的宗旨就是最短距离接触对手，尤其便于封挡、截击。但这种姿势也有不好的地方，在于所打出的右手直拳明显不如左前式中打出的右手拳重，而这种姿势中的左手直拳虽是后手拳，可打出的力量比右手拳又强不了太多，也就是说，截拳道的警戒式将左手与右手的力量划于几乎等同了。而传统的左前式，右手拳明显比左手拳的力量强太多，但是左手拳的力量由于不及右手，而又置在前方，那么它的力量就更薄弱了。

截拳道警戒式还有一个另类的地方，就是它的勾踢，多数是用前腿完成的，这与传统左前式的鞭腿勾踢有着本质的区别。截拳道勾踢同样强调快字，因为距离短，所以隐蔽性好，突然性强，但是限制了腿法，因为勾踢可以蜷起膝关节也可以大小腿伸展，变成直摆性鞭踢。传统左前式，能很自然地做到这一点，但是隐蔽性不好，暴露空门太多。截拳道勾踢的力量比传统左前式要略小一些，但是它所强调的敏捷性则是传统武术所不及的。

总之，在面对实战的时候，任何警戒式都可以在作战中使用，但要正确地选择则要看自己的综合技能了。

❖ 警戒式与战斗策略的关系

1．重心在后脚，左脚在前

这个对手很有可能第一招就是转身后踢，建议闪过第一招后进行近身格斗。

2．重心在后脚，右脚在前

这个对手很有可能习惯于使用右腿攻击，右拳辅助，属于比较稳的打法。

3．重心靠前脚

这个对手很有可能是以拳攻击为主，建议不要近身，一边周旋一边拉开距离伺机发动踢击。

4．正面朝你

恭喜你，对手是个菜鸟，不过不排除高手伪装。小心他突然前踢你的小腿。

5．看不出重心

（1）你眼睛不太好；（2）对方是个高手；（3）凑巧。

6．重心朝下、前

可能是个摔跤好手，建议远踢近拳，不要和他“纠缠”。

截拳道步法

关于步法在武术界中有一句话叫“教拳不教步，教步打师父”。以此提示步法的重要性！李小龙曾说过：“我的全部武功精粹就是两点——近身和发力。如果有人学到它们，则不管面对任何类型和等级的对手，都能像闪电一样地贴近对手，并以霹雳般重击将对手击倒。”近身就要依靠步法。李小龙把步法训练作为截拳道的重要训练内容，只有真正掌握了截拳道的步法，才能更好地运用截拳道这一搏击武器。

在李小龙的电影中，我们可以看到他“飘若黄蜂，翩似蝴蝶”，犹如翩翩舞者，运步轻松自如，富有活力和弹性，动作简单而有效。截拳道在实战中的飘逸步法，要求小巧、快速、直接，富于节奏和韵律。正像李小龙所说：“截拳道中的步法与其说复杂，未若说是趋向简单，动作愈小愈佳。以脚尖着地，与奇幻的拳配合不止地舞着。精简的步法不但可增加速度，且可有足够的时间来回避对方的攻击。简单的步法原则是移向对自己有利的位置，相反对对方不利的位置。”

拳谚说：“步不快则拳慢，步不稳则拳乱。”快速是搏击的制胜法门，再巧妙的技法都可以破解。李小龙认为，小而快速的步法是保持身体平衡的唯一方法。截拳道中的平衡是指动中求稳，这样的平衡有利于进攻和反击，在前进或后退中动作不会受到限制，不会出现手脚配合不上的情况。在截拳道技法中，极少使用交叉步、跳步或大步移动，那样十分不安全。因为在这样移动时会降低速度，也容易因失去平衡而遭到攻击，至少会暴露攻击意图，让对方做好防御的准备。因此，移动相同的距离，宁可用两步移动也不要直接用一大步移动。

❖ 基本的步法

1. 滑步

滑步是一切步法的基础，练好滑步，其余的步法就容易掌握其灵活性了。滑步时，两膝轻弯，放松，两前脚掌着力，时时都要保持两脚前掌与地面有一种反弹作用力，以利于蹬踏起步。脚步的前进或后退，以及向两侧进退时，两脚下犹如踏着两个球状轮子，不可于地面进行平滑，但也不能高离地面。

前滑步：以警戒式站立，向前滑步时，后脚先用力蹬地，在蹬地的同时使身体前移，推动身体向前滑动。前脚向前移动时，要沿地面滑动，不要抬脚太高。前脚尖不要转动，应保持原来的姿势。落地时不能用脚跟着地，而应用前脚掌内侧着地。当前脚掌着地时，后脚迅速前滑跟上。脚跟进时也要擦地而行，切忌在蹬地后将脚抬起，以避免形成向前迈步的现象，影响身体重心的稳固性。后脚前滑落稳时，仍应保持在滑动前的状态，后脚移动的距离要与前脚移动的距离相同。

后滑步：后滑步的要领与前滑步一样，仅仅是滑步的方向有所改变。提示一下，与滑步近似的有一种步叫疾步，也称冲刺步，其要领与滑步类似，前进时以前脚带动后脚，后退时以后脚带动前脚，不同点就是滑步是两脚同时滑动。练习中，凭习练者自身的习惯来决定，或滑步、或疾步。

2. 垫步

垫步可以说是在进攻步法中冲刺速度最快的一种步法，而且是远距离接近敌方的最佳手段之一，最有利于出腿攻击。其形体要求与滑步是基本相同的，不过滑步的前进或后退比较平静而缓和，而

垫步就比较暴烈，并且有急刹车一般的冲刺力。所以，平衡度的要求就比较高。

前垫步：以警戒式站立，后脚直接向前脚滑动，向着前脚内侧并拢，随即前脚迅速朝前方冲出一大步，或直接将前脚或膝提起，根据情况使用各种膝法或踢法。手在过程中保持实战基本姿势不变，上体不要摇晃。滑动与提膝不要脱节。

前冲时靠后脚推力，后脚要落在前脚的脚印位置上，前脚受后脚的推力起步前跃。但记住，两脚的纵深性跳跃不可离地面太高，应近似于擦地而行。

后垫步：后垫步仍以警戒式站立，前脚内收至后脚内侧的同时，后脚提离地面，让前脚落地踏实之瞬间，后脚朝后退步，保持身体平衡，要有脚步轻快和后脚跟抬起的习惯。

3. 侧步

侧步是一种主要为防守反击服务的步法，是备受推崇的一种步法。拳诀有“闪其势来懈其力”一说，不与其正面冲突。只要人们见到过西班牙的斗牛士，就能理解其侧步的功能了。你想一想，那雄壮凶悍的公牛，一般都是几百公斤重，而斗牛士不过几十公斤，如与之力敌，显然是鸡蛋碰石头。而斗牛士们恰恰相反，利用其灵活的步法、身法，将公牛引逗得筋疲力尽，而乘势刺杀之。

左右侧步不但能保持身体平衡，而且还是寻找反击的绝佳机会和有效手段，也是滑步和垫步变换方向的动作先导。所以，练好侧步，是提高实战能力的保证。

左侧步：以警戒式站立，向左滑步时，以右脚的前脚掌用力蹬地，左脚向左横向移动，着地后，右脚随即向左滑步跟上，右脚移动的距离应与左脚滑动的距离相同。随着向左滑步，身体重心也需向左

移动，待右脚横滑着地后，迅速将重心移到原位。另外两种方法是，仍以警戒式站立，双脚不一定是横向朝左移动，可做斜向左前方或斜向左后方滑动。身体始终要保持好平衡，动作干净利落，灵活快速。

右侧步：其要领与左侧步相同，只不过是方向相反。以警戒式站立，滑动时，左脚的前脚掌用力蹬地，使身体向右移动，并催动右脚向右滑动一步，待右脚着地后，左脚立即右滑跟上。

一切的实战步法莫过于这三种，只要能练好这三种步法，于实战中就足够了。有关其他五花八门的步法名称，其实质都是从这三种步法中演变而成的。

❖ 步法的应用

步法就是移动之法，就是要到达一个适当的位置，与对手保持适当的距离。对于距离，李小龙解释说："距离是敌我双方连续移动的关系，依敌我双方之速度、灵活与控制力之程度而定。常常是快速、经常地移动，寻求最有利的距离，增加攻击对方的机会。"在搏击中，双方都在不断的运动中进行攻防，需要不断地变换位置，控制好敌我之间的距离，随时避开攻击或寻找目标攻击。所以李小龙说"搏击的精义就是移动的技巧"，他特别重视步法的移动。

具体来讲，步法有以下几种应用：

1. 用来调整攻防距离

搏击双方之间的距离是不断变化的，只有不断移动才可能占据最有利的攻防位置，这样发动攻击要比从固定位置上发起攻击更快，如果步法移动够快、力量够大的话，对方来不及反应就已经被我方击中了。

滑步用于进攻：在与敌对峙时，我方如果采取主动进攻，就得靠滑步来靠近敌身，这时才能取得出击功效，并且，利用滑步的速度，必须要超越对方后撤速度，即使滑步已经接近了敌身，在出拳之际，仍然要前移步子，预防对方的后移身而使我方之拳击把力量减小，产生不了摧毁性。

例如，敌我对峙时，我方前滑步接近对方时即出前手直拳打向对方面部；这时我方如不再前滑步而是静止就出拳，一旦对方后退滑步，就将我方击打对方的有效距离拉开，这时候我方的出拳就形成一个空击了。这种现象，我们在观看前几年的擂台比赛中是相当突出的。如果我方在接近了击打对方的有效距离的同时，再滑进步，此时刚好填补上对方后退的这段距离，前手直拳出击，正好能击中其面部，而且产生出击打效应。这时我方还不能松懈其进步，因为右拳击打在对方面部时，对方退步不及，很自然本能性地有后仰身动作，这样一来，或多或少都会将我方之前手直拳力量减小一些。如果前手盲拳击中对方时，仍有前滑步冲刺动作，右拳就有前刺之力，此际再出后手直拳击打，制敌效果就比较理想了。

前垫步用于进攻：前垫步用于主动进攻时，是一种纵深的猛攻，掌握准时机的情况下，不论与敌相距多远，我方都能迅速地靠近，并能乘势发出猛击，其速度与力量都是比较猛烈的。前垫步的进攻，最利于出腿攻击，凭借冲刺的惯性起腿攻击，将更具摧毁性。

例如，敌我对峙时，我方右脚前上半步，右拳前伸做攻击之势，以此迷惑对方抬拳防卫，在右上步踏地之瞬间，左脚猛朝右脚跟垫步，凭惯力促进右腿提膝，伸力踹向对方胸部。在对方退避不及的情况下，前胸受到我方前脚侧踢的重击，此时借右脚落步之势，我前手直拳再度打击对方面部。这种一连串的击打，完全来自前垫步的冲刺惯性作用。突然而迅速地攻击，致使对方无暇反应做出防守策略，第

一次攻击被对方退避过，我方以连续前垫步追击，一般情况下，对方是很难拉开与我方的有效击打距离的。

2. 作为防御手段的应用

在截拳道的防御体系中有一种非接触式防御，就是躲避对方的攻击。运用这种防御必须配合正确的步法移动，避其锋芒并寻找反击的有利时机。往往向后退一小步就可以化解对方一次有力的攻击，既节省我方体力又使自己处于有利的反击位置，由于减少了手臂的防御动作，双手就可以随时发动攻击。

后滑步用于防守：后滑步作为退避性的步法，多用于防守之用。为了在搏击中减少对方的攻击力，可利用格挡、招架动作来实施有效的防守。但有一点必须搞清楚，即“直退易溃，斜撤得宜”的拳诀。对搏中，双方移动脚步时，距离总是在不断地改变，有时你在对方进攻范围外，但是对方突然进攻，这时需要冷静地判断，如果你盲目地躲闪或者后退，对方会用比你更快的速度接近和击打你。反之，你细心观察，等对方第二次进攻，你再远离或者接近对方，便可化险为夷。

例如，敌我对峙时，假如对方以快速的前滑步接近我方，出前手直拳击打我方时，我方在其进步的击打距离上，不后滑步，仰上身即可避过其拳，但这样的防守是不理智的，不配合后滑步来拉开敌我的距离，保持不了上身的中正，很易遭到对方的连续攻击。这很显然，只要对方收左脚，出后手直拳就可击中我方的面部，而且我方根本无法退闪。如果在对方前滑步时我也后滑步，总与对方保持着对峙时的距离，对方出拳必定落空，这样，我方还能很自然地预防对方的腿击。另外，在遇到敌方一个劲地猛冲而上，我方后滑步的速度慢于对方时，切不可一味地后退，只要我方见敌攻来，我后退到二三步时，不能躲过其猛攻，这时后滑步就要改变方向，或左或右，这样一来，不但能避过对方的猛攻，而且还可反击对方的空当；技术到位的情况下，还可用灵活的步法来引逗敌方满场乱跑，以此消耗其体力，使其自解体力而崩溃。

后垫步用于防守：在交手互搏中，如果我方稍有疏忽，受到对方的连续近身攻击，而我方又无法使出格挡招架之术时，最有效的策略就是远离对方，使其出招发空，并乘其“旧力已过，而新力未生”之时，发动起有力地反攻。而这时要避过敌方的出招，那只有后垫步才能办得到。因为后垫步与前垫步有一样的性质，就是有冲刺般的惯性力。

例如，敌我双方对峙时，假如对方突然前滑步接近我时，出前手直拳击打我面部，这种情况我只需上体后仰即可避开敌拳，待其收势我方便可反攻。如果对方的前手直拳只是一招“引手”，而随机发出重击的是右侧踢时，我方则无法招架，只有尽快远离对方的攻击范围，以连续的后垫步退身；此时，对方的右侧踢才会落空。但得注意，对方拳腿都落空时，会有再度拥身出拳的可能，所以，我方时时刻刻都要保持身体平衡，做好防守反击的架势，并可以用快速的小后垫步与敌周旋。这就要求在退避时不要过多地与对方拉开距离，只要保持对方的拳腿够不上即可，以便我方反击时能快速调动击打角度。一味地防守躲闪，没有反击的主动性，这种防守叫消极性的防守，是搏斗术的大忌，应时时刻刻保持主动性。

3．作为欺骗敌人手段的应用

快速灵活的步法移动配合其他不规则的动作，常令对手难以捉摸。不断变换攻防节奏可以迷惑对手，打乱对方的攻防节奏，使对手对距离的判断失误，更不易判断出我方攻击的时机。在拳脚动作

无法吸引对方时，步法是一种很好的诱敌方法。当你进一小步时，会因缩短彼此距离而给对方造成一种压迫感，迫使对方做出反应，诱使对手出现破绽。李小龙的移动方法是“运用最简单而最基本的战术，移动至恰好可以攻击对方的距离即可”。此种观念，是先迫近对方一步左右再后退，诱使对手后随。此时让对方进一两步来，然后在对方抬脚继续进步的一瞬间，自己突然进步，出其不意地加以攻击。

由此可见，说一个人的武艺高低全在步法运用上，一点也不过分。

❖ 步法的训练

截拳道的步法有很多种，最基本的是前滑步、后滑步和侧步，它们最能体现截拳道的特点。在练习步法时，练习者的双脚站稳，尽量保持身体平衡，并能随时快速地向任何方向移动，防御由各个方向袭来的攻击。后脚掌切忌完全平贴地面，而是以前脚掌来着地，双腿微屈，体重平均分配在两腿上。移动时两脚贴地滑行，使移动富有弹性，随时能加快速度，在情况改变时也能随时停止。

在学会步法的基础上，还要练习步法与手法、腿法的配合。因为移动的目的是为寻找进攻或反击的有利位置，以有力的打击战胜对方，如果只是单纯移动就失去了格斗的意义。拳法、脚法完全依赖步法的运用，只有在出拳或出脚之前站位准确并保持身体平衡，出拳和踢击才更有速度和力量。

前面已经说过，步法的作用主要在于控制距离，那么练习步法就要注意距离感的培养。要锻炼自己能随时保持正确距离的感觉，通常可以两个人配合进行控制距离练习。在训练中，要观察对方的前进与后退的特征、习惯，不断变换移动的速度与步法的幅度，根据对方移动的方向、速度、距离调整自己的步法，敌退我进、敌进我退，始终保持适当的距离，最终把对距离的调整形成一种习惯。

倘若没有同伴配合练习，也可以做假想练习。假想对面站立着一个极为灵活的对手，随时在轻盈地移动，你要使自己的步法比虚拟的对手更加灵活。

1．前滑步和后滑步的训练法

（1）在一宽敞的平地上，进行前后往返的滑步，在滑步中始终要保持上身中正，两手可做任意的变化，或攻或守。意识中，总要有与敌对峙的感觉，这样才能更好地培养出临阵的警惕性。

（2）在前滑进数步后，突然停顿做防守，继而后滑步，并用双手做不停地出拳或挥拍的防守动作；前进时突而前拥身做左前手直拳，后退时突而停顿上仰身再拥身前滑步出拳。

（3）进行不同方向的前滑步和后滑步。在前滑步时，突然改变方向朝左，或右前快速滑进追击；然后于后滑步时突然改变后退的方向，进行反复交替的练习。速度时快时慢，要有急刹车般的动作，做到步法轻盈，有快有慢，变换自如。

（4）选择不同地形，在坎坷不平的地面按上述几项进行反复的前后滑步练习。

2．前垫步和后垫步的训练法

（1）选一比较宽阔的场地，进行连续的前垫步和后垫步练习，左右脚前后交替，尽量使身法灵活。开始不必注意上肢的动作，一心用在脚步上。前垫步时，向前冲刺的距离越远越好，主要是将速度练出来。

（2）做前垫步低侧踢或低勾踢，动作越快越好。这种练习是专门为出拳制造战机，继而做两手交替摆动，类似于出拳动作，这样不但能分散对手的注意力，而且也打乱了对手的作战计划。

（3）地面画上记号，两脚站于记号上练习前垫步和后垫步，要求每次前垫步时前进步子要大，超越出记号的距离，能前垫多远时，就要后垫多远，身体不能东倒西歪。

（4）专门做后垫步练习，步子小而动作快，越快越好，并要使后垫步的方向随时改变，左右脚交替变换位置。身体灵活，两手要保持防守和反击的准备。

3. 左右侧步的训练法

（1）在一宽敞的平地上进行侧步练习，根据滑步的方法练习熟练后，即可按另外两种方法练习，并反复进行各种步法的转变练习，左右交替而行。

（2）进行左侧步、右侧步的交替练习，闪后并要配合上步前进，或滑步，或垫步，做一些拳、腿攻击的动作。

（3）反复地进行侧步提膝，或勾踢、勾拳练习。对着树干练习，左右侧闪交替而做，围着树干转，时快时停，时进时退。

（4）地面按一定距离画上记号，进行反复的左、右侧步练习，以此来提高两脚落地时的平稳度、距离感。

另外，跳绳也是步法训练的一个较好的辅助方法。跳绳可以增强平衡感，增强耐力，使脚下更加轻盈、灵活、有弹性。练习跳绳时，要适当减少手腕、手臂摆动的幅度，不断变换脚步的节奏，可以单脚交换跳，也可以结合前后移动步法跳，最重要的是前脚掌着地，跳起时脚微微离开地面，使绳子刚好通过。当然要验证是否真正掌握了截拳道的步法，还要通过实践去检验。每个人都有适合自己的最佳攻防距离，你的移动一定要根据对方的情况来决定，这绝不是靠想象能体验到的。

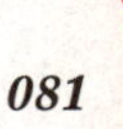

截拳道拳法

拳谚虽有“手是两扇门，全凭腿打人”的说法，但在现实生活中，拳法仍以其灵活多变、实效性强而被广泛应用。截拳道的拳法技术在实战中具有速度快和灵活多变的特点，它能以最短的距离、最快的速度击中对手。

截拳道的拳法是一种身到、步到、拳到，将一臂之力、全身之力、自身重量和前冲时速度所形成的动能，瞬时通过拳面作用于物体的一种发力方法。在截拳道中，用拳讲究简单实用，大部分的拳招往往用于试探、虚掩、反击，配合其他招式的运用。截拳道用拳的要诀在于：准、猛、用劲。拳招要达到有劲，手臂的坚硬还是次要的，首要的是动作姿势正确，用劲得法和适时发力，才能收到得心应手的效果。任何拳招必须有正确的握拳，才有可能有较大的击打力。拳不宜长时鼓劲，拳未动，应虚握之，拳发出，臂贯劲。即打击的瞬间，才握紧，全身劲力集中于拳面，劲力在接触点爆发。出拳时，应拳紧肩松。拳紧握则劲聚，肩松则灵活。动作协调，拳劲是全身之力通过步法的支持由腰、肩、手臂而集中于拳面焦点。步法与身体动作必须与此拳招协调配合才理想。拳招应以最快速度冲向目标，而不是发至劲尽或目标处停止，“出手不见手，拳打人不知”，出拳的速度快慢直接影响拳的击打力量。攻守兼备，用拳进攻时，必须保持本身的防卫能力，一手出击时另一手护卫，应成习惯。挥拳迎敌时，要注意招数的组合连击与身体要害的防卫。

基本拳法是学习截拳道的根本，必须把每一个动作做到规范化。只有学好基本拳法，才能为当一名合格的拳击手奠定良好的基础。要练就一手好拳，勤练是唯一的诀窍。

❖ 前手直拳

直拳是指从出拳到被击目标，沿直线运动的一种击打方法。在截拳道中，前手直拳是一种极常用的打法，因为它短促、准确、迅速，是一种可靠的进攻武器。如果在出拳的一瞬间扭动一下髋部，则这一击是十分有力的。出击的方向应该是鼻子的正前方，在截拳道中，最常用和最重要的拳是前手直拳。这种拳速度快，是因为它只打出最短的距离；这种拳击得准，是因为它径直地向前打去；这种拳用力最小，因而不会使自己失去身体的平衡。前手直拳是拳法动作最简单，实用价值最高的一种拳法，可以连续进攻，能为所有技法、腿法作引，无论何拳手，都必须苦练并掌握它，是不可缺少的攻击基本功。前手直拳是拳击中所有其他击拳的基础，能正确地运用前手直拳是一个有良好技术素质的拳手的特征。

基本动作说明：

1．由警戒式开始；

2．右臂迅速用弹力沿自身身体的中线向前伸直，同时右肩前送，上体略向左转，以加大出拳的速度和力量。在出击的同时，后脚用力蹬地，前脚（右脚）顺势向前滑出，用前脚掌的内侧着地，后脚蹬地后，脚跟提起，后腿略伸直，身体重心移到前脚上；

3．在臂向前伸直的同时，右拳向外转至拳心与地面成一条垂直线击出，即成“目”字形，肘关节随着拳心外转向上抬平。在出拳过程中应放松臂和肩部肌肉，在出拳的同时还要利用腿、腰、髋发力以增加击打力量，使力量通过肩、臂、腕关节和拳峰沿一条直线作用在被击目标上；

4．在即将击中目标时，拳突然握紧，使最后阶段更为有力。左

手随右拳出击而自然前移，保护下颌和面部；

5. 待击中目标后，拳迅速放松由原路收回，恢复原姿势。

动作要领：在出拳开始时，身体与手臂应保持自然放松，不能预先向后拉臂，而影响出拳的力量和速度。因为准备出拳的动作能预先被对方察觉，从而做出相应的防守和反击。因此发拳一定要突然，才能使对方措手不及。发拳时身体不能过于前倾，以免失去平衡，为对方反击造成便利条件。如距离较远而发前手直拳难以击中目标，则可先将右脚向前进半步，同时击出前手直拳。在整个发拳过程中，左拳应注意保护自己的下颌。发拳过程中要始终观察对方的动作变化，初学者往往在用力发前手直拳时有闭眼的毛病，这些都应力求在练习中逐步加以纠正和克服。

❖ 后手直拳

后手直拳是截拳道中采用的拳法之一。后手直拳适合于远距离的攻击，但后手直拳一般使用时机少，在有充分把握时才能使用。由于左拳较右拳离对方远，发拳时身体变化幅度较大，所以后手直拳较前手直拳慢。为了便于击中对方，就要用右手的假动作来转移或破坏对手的防护，或用右直拳、标指引开对手的注意力，或使对手失去平衡，以此来创造有利于后手直拳进攻的条件和时机。

基本动作说明：

1. 由警戒式开始；

2. 以左脚掌蹬地开始发力，左腿发出的力量使左侧髋关节前送，带动腰部迅速向前转动，同时左肩前送；

3. 左拳向外转至拳心与地面成一条垂直线击出，即成“目”字形以直线向前发出，攻击对方头部。髋和腰部的扭动以及左肩的前送，能够增加后手直拳的力量和攻击距离；

4. 在出拳即将击中目标时，拳突然握紧，使最后阶段更为有力。右拳置于下颌附近，做好出击和防守的准备动作；

5. 在击中目标后迅速恢复成警戒式。

动作要领：由于后手直拳出拳时，身体的前送和扭转的幅度较大，使身体具有很大的向右转动的惯性，对左拳的收回造成一定困难，所以出拳后立即停止身体的转动，以左拳顺惯性向身体右方摆动来缓冲转动的惯性，再很快地收回左拳保护自己。

❖ 平勾拳

平勾拳是横向性的勾击，击打目标是对方的头部侧面、太阳穴及颌关节，中盘是腹部等处。平勾拳，是一种弧线击打的拳法，而且是作为近距离攻击的拳法，它比起直拳、翻背拳等放长远击的拳法在动作结构和击打技术上要复杂得多，打击威力并不亚于后手直拳和翻背拳。不过，在现代武术擂台的比赛中，不怎么重视勾拳，其原因有二：一是勾拳动作及技术没有直拳和翻背拳易于掌握；二是勾拳是近距离击打技术，而现代武术技术注重的是贴身就快摔的关节技，在很大程度上没有勾拳的发挥余地。

走下拳台后，于街头巷尾抗暴时，被歹徒逼至死角，而你已无法发挥直拳、翻背拳，甚至是没有使用快摔的空间时，平、上勾拳就是王牌武器。前世界重量级拳王乔·弗雷泽的勾拳威力曾让拳王阿里心悸，一般的拳手无法抵挡得住。

基本动作说明：

1. 由警戒式开始；

2. 先将右肘提起与肩平，肘部成略大于 90 度角；

3. 利用身体腰、肩部突然转动的力量，上体向左方向转，但不超过 90 度，臂部肌肉由放松到突然紧张，打击对方的左侧，这时重心移到右脚上，肘部始终保持略大于 90 度的角；

4. 击打之后再迅速放松，立即收回还原成实战姿势。

动作要领：平勾拳发力以上身为纵轴。拳头平直打出去时，上体伴随拳头击打方向转动 10 度左右，以上身转动和身体重力增加拳头击打分量，如连着右平勾拳，则上身随着拳头向左转动 15 度左右。右左平勾拳一般都是连击的。不论打右平勾拳或左平勾拳，或是其他勾拳的组合击打，上身向左右转动时，头部要保持不动，双目监视对手的举动，身体重心和脚步要保持稳定，这样拳头打出去才有分量。平勾时肘尖向下，不要抬肘耸肩。与翻背拳的区别在于，横平勾拳需要屈肘在近距离拧腰抽击，而翻背拳是将手伸出，突然含胸收腹产生力量摆击。另外，出击时，拳不应有向后拉的蓄势准备动作。右拳击出的同时左拳微上举，保护下颌。右、左平勾拳都可以配合前进步法练习，即做前滑步的同时击打右平勾拳或左平勾拳。

❖ 上勾拳

实战中拳手的进攻与防守是多种多样的，这体现在调整距离上，要靠步法的灵活和判断的准确。如果说直拳更注重中、远距离的进攻，那么上勾拳主要在中、近距离击打对方。

上勾拳既可发短拳也可发长拳。发长拳时手臂几乎伸直，上、前臂夹角大于 90 度，发短拳时上、前臂夹角小于 90 度。当对手两手高举成防头部的姿势时，或当对手击打头部而落空时，可发上勾拳击对手的上体（胃、腹或肋部）。当对手上体前倾处于俯身低姿势时，则可发上勾拳击其头部，击打时拳心朝内，拳峰向上。对手处

于直立姿势时，绝不能用上勾拳进攻，因为这种拳太短，会遭致对手用直拳来迎击。只有当对手身体前倾时才能在进攻中使用上勾拳，或在组合拳进攻对手时配合使用上勾拳。

基本动作说明：

1. 由警戒式开始；

2. 身体重心前移，落在前腿上，上体猛然向左稍转体，同时挺直身体，右前臂弯曲约呈 90 度夹角，拳头自下向上做短促的击打，拳心由朝上转向外；

3. 当击中目标前的瞬间，拳头猛然旋转成拳心向内；

4. 击打之后再迅速放松，立即收回还原成实战姿势。

动作要领：基本同平勾拳。上勾拳的力量来自突然的挺身和同时转体的动作，在拳头接触目标的一刹那，手臂突然发力，以增加击打的爆发力量和速度。从警戒式出拳时，右拳拳心要向里翻转再击打。利用蹬腿和右髋向前上方猛烈伸展的动作配合发力，不要只用手臂力量进行击打。出拳击打时右肘不要下落后拉。

❖ 翻背拳

翻背拳是突发性最强的打法之一，因为它迅速、准确而且又神出鬼没，所以不易被对手察觉。这种打法由警戒式或两手轻松地垂于两髋侧，若无其事地发出。尤其是后一种情况，因处于非交战状态，因此可打对手一个措手不及。前手应在不泄露意图的情况下直接使用翻背拳，拳头应当自上而下地动作，翻背拳可以打击面部的任何部位，其中太阳穴是最理想的目标。

基本动作说明：

1．由警戒式开始；

2．右拳稍内旋使拳心向下，肘关节微屈使前臂朝胸前内收；

3．左脚蹬地脚跟提起内旋，身体重心移至右脚，腰、髋在脚的带动下迅速向右旋转、顺肩，催动右拳向前方外侧抡击，用拳背击打目标；

4．击打目标后迅速还原成警戒式。

动作要领：以迅速蹬地、转体的爆发式动作将拳头抡击向目标，如同抽鞭子般。在距离目标的最后几厘米处加速，用力。此前，手臂保持放松，如同柔软的鞭绳。在击中目标时要有一个制动动作，即击中目标后，立即将手臂放松、收回。一定要注意，翻背拳的动作是向身体的外侧方向击打，有点类似于平勾拳的动作，但又不完全是。因为翻背拳在击打时有手臂向前伸展的动作过程，手臂弯曲的角度由小到大。

❖ 标指

标指的速度远比出拳的速度快，而且动作幅度小，以前手运用标指为多。用标指戳击对手是很好的防御武器，也是遏止对手发起攻击以及最后挫败对手的有力反击武器。标指戳击的应用在于击发迅速，在对手来不及进攻时就能戳进其眼睛。戳击时，手指应伸直，这样就能相对地缩短打击距离。戳击是阻止进攻的有效武器，应在格斗中利用一切机会运用它。它不仅可以使你有力地击中对手，而且能使对手露出破绽。

基本动作说明：

1. 由警戒式开始；

2. 右手伸直成掌，将食指贴在中指的下面以增加手指的攻击力度，其余手指并拢，迅速用弹力沿自身身体的中线向前伸直，同时右肩前送，上体略向左转，以加大出拳的速度和力量。在出击的同时，后脚略蹬地，前脚（右脚）顺势向前滑出，用前脚掌的内侧着地，后脚蹬地后，脚跟提起，后腿略伸直，身体重心移到前脚上；

3. 在出拳过程中应放松臂和肩部肌肉，在出拳的同时还要利用腿、腰、髋发力以增加击打力量，使力量通过肩、臂、腕关节和手指沿一条直线作用在被击目标上；

4. 在即将击中目标时，手指突然绷紧，使最后阶段更为有力。左手随右拳出击而自然前移，保护下颌和面部；

5. 待击中目标后，拳迅速放松由原路收回，恢复原姿势。

动作要领：标指的发力点是重叠在一起的食指和中指。标指出拳比直拳快而突然，腰部与胯部转动比直拳小，蹬地力量不大，因此重心前移较小，出拳后，臂完全伸直。

截拳道肘法

“宁挨十手，不挨一肘”道出了肘法在实战中的巨大威力。在实战中，肘法是截拳道近战武库中最具破坏力的凌厉武器之一。肘法，属短拳，由于肘关节的特殊坚硬锐利的骨结构，因此最适合近距离攻防格斗。在截拳道的攻击技法中，肘法素以凶狠著称，具有出招快、力度凶悍、爆发性强、击打力量大、攻击性强的优势，同时具有难于防守、欺骗性和实用性强的特点，在近身实战中常令对手防不胜防。

肘法的攻击部位很广，最主要的目标是眉角、额前、头顶、鼻骨。

其他如咽喉、下颚、耳后、腹腔神经丛、肘部、后心也都是肘击的有效目标。肘法不仅可以进攻伤人，而且在防守上也很有功效，可用肘撞击对方的腿部、胫骨等部位，以达到防守的目的，是攻守兼备的技法。

截拳道的肘法精简凌厉，每个拳手在使用时各有特点，大多数拳手都擅用肘击，且可以从任何位置、角度击打对手。肘法是被截拳道界公认的难以防守的技法，为此，每个拳手都非常重视肘法的运用和防守。

肘法的基本技术，从其运动方位和发力来看，不外 4 种，即挑肘、横肘、反肘、砸肘，这 4 种肘法是攻防技术最为全面、威力最大的。

❖ 挑肘

挑肘是从下向上弧形运动的肘法，其出击要领类似于上勾拳，得力于上步、蹬腿以及肩、大臂肌的突然收缩紧张之力，发力要突然爆发，几乎是带一种抖颤的震动劲。

基本动作说明：

1. 以警戒式站立；

2. 左腿开始蹬地发力，腰髋迅速向左旋转，右臂同时屈肘成 30 度夹角向左前上方挑击。双腿蹬伸、挺髋配合发力。身体重心移至右脚，左脚跟稍抬起并内旋；

3. 挑击动作不断加速（但不要超过头部），身体皆配合加速发力。在击中目标的一刹那肘关节瞬间夹紧并运用憋气或喷气配合发力；

4. 手、肘迅速放松，回收身体重心后移，成警戒式；

动作要领：肘挑至打击目标时大小臂必须夹紧，拳松。肘尖须向身体内侧微旋。肘挑至目标时，手放于耳根侧面，不要太偏后，配合收腹以充分发挥肘击之距离感。

❖ 横肘

横肘即横击肘、横扫肘，是截拳道肘法中最常用的。横肘在截拳道实战运用中，其运动路线和角度都可根据实战要求而变化。除了其主要的形式，在水平线的横肘摆击外，还可从任何角度做斜线的横肘，使用时比较灵活多变。

基本动作说明：

1. 以警戒式开始；

2. 左腿用力蹬地，腰与上体迅速向左前方扭转，借以增加肘击的速度和力量，在蹬地转体的同时，右臂屈肘呈30度左右夹角，抬与肩平，拳头松握，拳心向下；

3. 右肘在身体的带动下快速向左前方摆平（摆至自己面部正中间时止），身体的重心移至右脚，在击中目标的瞬间，肘关节要用力夹紧，同时憋气或喷气，胸腹内含，以加大出击的力度；

4. 击中目标后，肘关节迅速放松，收回成警戒式。

动作要领：肘平摆时，后手与肘必须垂直护头于身体的侧面，头不可偏摆。肘平摆时要收腹，以增强肘的打击力度及距离感。步法要协调一致，不可跳跃。横肘完全与平勾拳的发力相同，来源于蹬腿、旋腰的转动力，属于横向弧线型运动的肘法，主击对方左右头侧。

❖ 反肘

反肘也称后肘，因其动作优美、技巧性高而备受拳手们的喜爱。反肘的使用要求，最重要的是掌握时机和距离，迅速转身反击肘，力点准确。同时，在转身时要步法稳健，保持身体的平衡。后肘之

法有多种动作，一是反顶肘，二是反摆肘，三是转身肘，此三者统属反肘之法。反肘使用的诀窍是出奇制胜。当对方格斗时，看准时机突然转身用肘撞击，常使对手防范不及而中招受创。

基本反顶肘动作说明：

1. 警戒式站立；

2. 右脚蹬地催动身体向右后方转动，右臂屈肘成 30 度夹角下收后从肋部向右后拉顶击出，身体重心下沉于左腿，目视右肘方向；

3. 在击中目标的一刹那，肘关节夹紧，憋气或喷气发力；

4. 击中目标后，迅速还原成警戒式。

动作要领：肘击动作是贴着腋下肋骨向对方进攻，其攻击力来自右脚的向后蹬地和急促的向右后方旋腰转髋来带动肘关节进行击打。击打过程中要有不断将肘关节进行加速运动的意识。

❖ 砸肘

所谓砸肘，就是利用肘尖由上而下砸击，杀伤力很大。下砸时，身体应先起后落，需以全身下压沉劲，增加下砸的力量。在截拳道中，砸肘不但可以用于实战中抓住时机进行攻击，而且还可以在恰当的时机进行防守对方的进攻。

基本动作说明：

1. 以警戒式开始；

2. 右腿蹬地，身体重心移至左腿，同时将身体重心上提，右脚跟稍外旋，双腿略伸直膝关节，右手屈肘呈 30 度夹角上提与肩同高；

3. 身体重心下沉（含胸、收腹、屈髋、屈膝），右肘同时垂直向下击向目标。击中目标时，肘关节夹紧，呼气发力，力达肘尖；

4. 手、肘迅速放松，回收身体重心后移，成警戒式。

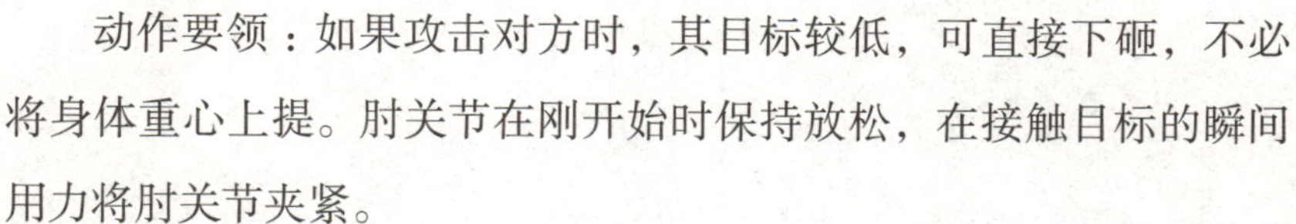

动作要领：如果攻击对方时，其目标较低，可直接下砸，不必将身体重心上提。肘关节在刚开始时保持放松，在接触目标的瞬间用力将肘关节夹紧。

截拳道膝法

膝是近身制敌的利器，实战格斗中，膝法出势隐蔽，攻击线路短、力量大、速度快，动作简捷迅猛，高低上下，纵横往来，颇显神威。在国内外各派拳法频繁交流的拳赛中，膝的实用价值，备受青睐。

在截拳道中，用膝攻击的范围较大，目标较多，在其他技法的配合下，人体的上中下、左中右、高低前后，膝法无所不攻。为使发力更为迅猛，更具穿透力，用膝在撞击对手的瞬间，要吐气发出

SPORT
IN THE AIR !!
WHATUP
LOOK
AT ME !!
PEAK

哼、哈、嘿、嗨等短促、响亮的声音。发声能够调动体内的各种因素，使精神振奋，使力量骤然大起来，在极短的时间内力量骤然爆发会极大地增强打击的力度。同时，发声还可以有力地震慑对手，使其突受惊吓，削弱其战斗意志，降低其抵抗能力。因而，吐气发声不可小视，定要重视。

截拳道注重膝法与肘法的结合。膝是近身制敌，肘亦是近身制敌，对实战距离的要求，膝、肘都是一样的，因而膝肘连击最为便捷。在空间上，肘、膝一上一下，可形成立体攻势，对这种在短距离内发起的立体进攻，对手的防护很容易出现空隙，因而膝肘连击会使对手防不胜防。

平时训练要注重腰、髋的柔韧性训练及腰腹肌、上下肢的力量训练。腰、腹、髋是膝力之源，加强这些部位的力量及柔韧性会极大地提高膝法技巧与成功率。要注重膝法与步法、身法的结合，这样膝击动作便会协调有力、不失时机。与人互搏，要根据对手的特点，选择恰当的时机用膝发起攻击。对方倘若刁滑，采用游击战术，打了就跑，则不便用膝攻击；对方倘若步法散漫，反应迟钝，用膝攻击则易成功。采用防守反击的战术，由于实战距离近，用膝攻击对手则有很大的威胁，容易使对手受到创伤。实战时，总要因敌变化，伺机用膝。时机选择得当，膝击动作便会协调有力，迅猛突然。

拳手在使用膝法攻击时，要充分地运用攻击时放胯送腰的发力，支撑脚掌蹬地的发力，旋身拧腰的发力（这些发力的攻击动作都可有效地延长膝法的攻击距离），同时再加上截拳道在膝法攻击时极为擅长与自身的攻防步伐、攻防节奏、箍颈时的手法去组合攻击，从而使得截拳道的膝法在攻击时很好地融合了自身的脚掌、胯、腰、腿、膝、手肘（箍颈）的整体发力。也正是这种融合了自身的整体发力

的攻击，使得截拳道的膝法攻击距离更远，攻击时的变化更多，攻击力更强。

❖ 顶膝

在截拳道中，顶膝是膝法中最基本的招法，运用最广。一般有提膝向上直冲、向前冲撞或斜线冲击等顶膝法。当双方近距离纠缠时，用顶膝撞对手的肋部、腹部或腿部。动作要领：双手护头，左脚跟提起，脚前掌碾地外转，右腿屈膝前撞；发力应挺胯前送。

顶膝最厉害的一招是“箍颈撞膝”。当双方缠抱时，拳手双手扣住对手的颈部下压，用膝向上冲撞对手面部。“箍颈撞膝”的另一用法是拳手双手扣住对手的颈部左右旋摆，使对手失去重心，处于被动状态，然后用膝进攻。

基本动作说明：

1. 由警戒式站立开始；

2. 后手成拍对方防护手臂之势，前手力图拉对方的脖子，同时起前脚蹬地、扭腰、顺胯提膝向上顶出；

3. 当膝顶至对方头部或胸腹部时，膝关节用力夹紧以增加膝关节的尖锐程度。同时胸腔迅速猛烈地喷气配合发力；

4. 击打完目标后，双手成推开对方之势，膝原路线弹簧般收回，还原成警戒式。

动作要领：顶膝时，支撑脚的后脚跟必须提起离地，用前脚掌支撑身体，双手必须成下拉（向所起膝的侧面）之势，以增强膝撞击的力度。顶膝时大小腿必须夹紧，以增强膝盖的冲击力度。

❖ 侧膝

侧膝在实战运用中动作难度很大。侧膝的进攻路线不是直线或斜线，而是从体侧提膝高抬，从体侧弧形上摆，通过提踵、提臀，摆腿发劲，撞击对手的肋部、下颌或太阳穴。当对手双手紧护胸腹，顶膝无法下手时，立即改用侧膝，从侧面攻击其腰部或头部，效果很好。

基本动作说明：

1．由警戒式站立开始；

2．后手成拍对方防护手臂之势，前手力图拉对方的脖子，同时起前脚蹬地、扭腰、顺胯提膝向对手体侧（肋骨处）摆出；

3．当膝摆至对方肋骨处时，膝关节用力夹紧以增加膝关节的尖锐程度。同时胸腔迅速猛烈地喷气配合发力；

4．击打完目标后，双手成推开对方之势，膝原路线弹簧般收回，还原成警戒式。

动作要领：侧膝时，支撑腿的前脚掌须颠起可增加其速度，使重心有倾向之势，从而加强力度的穿透感。双手必须成下拉（向所起膝的侧面）之势，以增强侧膝撞击的力度。侧膝时大小腿必须夹紧，要以膝盖内侧摆出，同时当膝盖摆至对方肋骨处时，可将膝盖稍往下压，形成进一步的穿透力。

截拳道腿法

虽然拳法被认为是技击中最重要的，但在格斗中，腿脚也是具有活力的重要组成部分。例如，与一个优秀拳击手对垒，你若始终或经常运用两脚，那将会占优势。一个不懂得防御脚的攻击手，其大腿以下的部位就都容易遭受攻击。在技击中使用脚，就能避开对手的拳头，因为腿比手臂长。此外若对踢击的时机掌握得好，那要比拳击更为有力量。

截拳道的腿法灵活多变，对人体的柔韧性，大脑反应的灵敏性，身体运动的稳定性都有很高的要求，它是对人体机能和体能的综合考验。截拳道技术方法中占主导地位的是腿法，腿法技术在整体运用中约占2/3，因为腿的长度和力量是人体最长最大的，其次才是手。腿的技法有很多种形式，可高可低、可近可远、可左可右、可直可屈、可转可旋，威胁力极大，是实用制敌的有效方法。

在腿法的技术中，决定腿法技术攻击爆发力的效果主要有5点：发力源自臀部（武术里讲究的“腰马合一”）；力是通过全身的协调整体工作进行传递（武术里的“整体劲”）；发力时保持身体平衡（武术里的“随遇平衡”）；肌肉的放松程度（武术里的“出拳软如绵，上身硬似铁”）；精神（意感）的紧张程度（武术里的“遇敌如同火烧身”）。

截拳道腿法各项技术的力量皆源自腰部，由启动蹬地的反作用力使人体力量协调传递发出，类似于足球运动员踢球一样，靠蹬地然后腰部转动发力传递到脚上，将球踢出。应该注意在技术练习过程中，四肢不使力，一切力“以腰主宰”，而所有可以增加攻击力度的就是把腰部的力量通过肢体技术充分传递出去，在腿法技术中，要求拳手能够协调用力。而要达到整体发力，一方面是增加拳手身体的协调性练习，例如，采用各种垫上滚翻练习、徒手球类练习、跳跃转身练习来提高拳手身体的整体协调性和控制能力；另一方面是提高拳手控制身体肢体的能力，通过训练使练习者将力量协调地传至腿部。我们可以先采用各种辅助性的训练方法来训练拳手的身

361°

体控制能力、协调用力及保持动作放松的能力。在肌肉与精神两者间是对立与统一的矛盾关系，两者之间是“相生，相成，相形，相倾，相和，相随”的关系，特别是在激烈的对抗中如何处理好肌肉的“松”与精神的“紧”，以保持“形松意紧”“肌松力绷”的状态，就需要通过具体意念训练方法来实现这两者的对立与转化，达到“有感即应”“一触即发”。

平日在实战中应注意培养攻击感觉、时机、空间位移感觉，势必将三者有机地结合起来，才能逐渐形成强有力的腿法攻击技术。实战过程中，运用脚踢时要根据具体情况，如对方所处位置、暴露的部位、防守的姿势以及双方的距离，选择不同的踢法。脚踢时要利用步法保持身体的平衡，并有效接近对方做出踢击动作。注意两臂的防守。踢击完成马上回到准备姿势，准备下一次的进攻和防守。

腿的回位动作要快，以免被对方抓住或抱住。脚踢的基本技术掌握后，练习的主要方法才能靠平时用各种腿法踢击悬挂的沙袋，经过反复练习提高踢的力量、速度和高度。

❖ 前踢

前踢在截拳道的腿法技术中，是最基本、最简单的腿法之一。它虽不如勾踢、侧踢、旋踢等腿法看起来那么华丽，但它的简单易用性却是其他腿法所无法比拟的。尤其是攻击对方裆部这个致命的要害时，前踢是最佳的选择。

基本动作说明：

1．由警戒式的基本姿势开始；

2．右脚蹬地髋关节向左旋转，双手握拳置于体侧；同时，右腿以髋关节为轴屈膝上提；

3．当大腿抬至水平或稍高时，髋关节向前送，向前顶，小腿以膝关节为轴快速向前上方踢出，力达腿尖，整条腿踢直；

4．踢击后迅速放松，右腿沿原路线弹回，将右脚放置在左脚前面仍成警戒式。

动作要领：提起右腿时，两大腿内侧之间的距离应尽量小，即右腿尽量直线出腿。为保持重心，躯干可稍向后倾，尽量将髋部向前送出，若是高前踢，髋部则要尽量向上向前送。击打时脚面绷直。小腿弹出后，在弹直的一刹那，要有一个制动的过程，使脚产生鞭打的效果。脚尖的方向向前上方。用前腿主要攻击对手的面部、下颚。

❖ 勾踢

勾踢是截拳道中用得最多的腿法之一，因为它的命中率很高。

SPORT
Let's Shaking
LOOK AT ME !!
361°

这种腿法比其他腿法具有更多的起脚机会，同时还可保证在近距离交战时的安全。它既可被迅速地运用，又可变化多样。例如，它可以瞄准对手的头部、中盘及小腹。它并非十分有力，但它高而刁，虽然用力不大，但很容易击伤对手。比起侧踢来，它有一大优点，那就是在许多情况下，对手还未来得及防备我方就已经发出了攻击。勾踢，是一种比较保险的腿法，因为在踢完后能够很快地还原，与侧踢相比，勾踢是用于较近距离的攻击。

基本动作说明：

1. 由警戒式的基本姿势开始；

2. 重心移至左脚，两拳置于胸前，右脚借蹬地之力屈膝上提。提起右大腿同时髋部略向左转，膝盖朝前，大小腿折叠，脚面绷直。同时左脚前脚掌碾地外旋；

3. 继续将右大腿向前提高，当右腿膝关节向前抬至水平状态时，将左脚掌迅速外旋至 180 度带动右腿快速鞭打踢出小腿，膝盖朝向左侧；

4. 击打目标后迅速放松收回小腿。右腿落回原地成警戒式。

动作要领：膝关节夹紧，向前提膝，尽量走直线；支撑脚外旋 180 度；髋关节往前顺，身体与大小腿成直线；严格注意击打的力点在正脚背；踝关节放松。勾踢与前踢类似，区别在于勾踢腿的膝盖方向在击打的一刹那，是瞬时转髋朝向对方的腹部，而前踢腿的膝盖方向是向前上方；提起右腿时，两大腿内侧之间的距离应尽量小，即右腿尽量直线出击。为保护重心，躯干稍向左后倾以配合快速转髋。击打时脚面稍绷直，但踝关节要放松。小腿弹出后，在弹直的一刹那，要有一个制动的过程，使脚面产生鞭打的效果。提膝应尽量随着转髋同时进行，不能完全转髋后再提膝。左脚应积极配合髋部的运动，运动时可稍有一点踮起。

❖ 正踢

正踢，是一种直线运动的腿法，其攻击特点是从正面攻入，具有进攻力量大、击得较远等特点。正踢腿法比起侧、勾二踢容易，因为人们都有本能性的起脚蹬击习惯，即使从来都没练过搏击术的人，都会本能地使用。比如，用脚蹬击对方腹部，就是一种比较典型的正踢动作。

正踢是以腰髋部发力，再加上重心向前的力量，腿借身力，身助腿威，以脚底外侧、全脚掌攻击对方。提膝、支撑脚旋拧、拧膝、送胯，整个动作要一气呵成，快发快收。正踢时上体略倾，攻击时送髋，以增加打击距离及打击强度。上体和双腿在同一垂直面上，不能扭曲身体及四肢。

初学者往往由于身体放不开，腿发出时有僵滞的感觉，正踢腿不是由屈到伸直线踹，而是形成了抬脚弧线上摆，以及踹出的同时收腹、屈髋、撅臀，上身与双腿不在同一垂直面上，造成身体重心向后倒下，正踢软弱无力的错误现象；这样对于其力度、速度、位置的准确性就根本谈不上了。对于一个初学者来说，在学习时必须由慢到快、由简到繁、由分解动作到组合动作，而且在没有掌握其动作要领前能以最精简、最不费力的方式完成动作，而仍能达至动作所要求的标准。然后才是劲力与速度的练习。首先以低正踢练起，反复达到精熟后再练中、高段正踢。

基本动作说明：

1. 由警戒式的基本姿势开始；

2. 重心前移至左脚，右脚蹬地屈膝上提与胸、腹部贴紧，两拳

361°

置于防御位置，同时左脚前脚掌碾地外旋；

3．膝盖方向朝上，勾脚面，展髋，走直线蹬出右腿，用脚跟攻击对方；

4．踢击后迅速放松，右腿沿原路线弹回，将右脚放置在左脚前面成警戒式。

动作要领：提膝后尽量收紧膝关节；踢击发力时重心往前移，利用身体的重量和力量攻击对方；踢的时候腿往前伸展，送髋；踢的路线水平往前。

❖ 侧踢

在截拳道中，侧踢的威力最大，是主要攻击腿法之一，主要用于攻击敌方小腿、腹、胸、头部。它的特点是直线攻击，快速凌厉；可攻可守，变化多端；力道凶猛，杀伤力大，特别是前腿距离对手较近，起腿直接、隐蔽，使用率较高。在截拳道中，最有效的踢击是先于对手的侧踢，往往使对手采用阻挡措施也不能避免被踢中或受伤。这种攻击，可在中等距离上发起。若是从远的地方冲过去，可利用冲击的惯性增加攻击力量。

基本动作说明：

1. 警戒式准备姿势站立；

2. 将重心移至左腿，同时以左脚前掌为轴脚跟内旋。直线提起右大腿于腹部处，弯曲小腿同时向左转髋，身体右侧侧对对方；

3. 膝盖方向朝内，勾脚面，展髋，走直线平蹬右腿，用脚掌外侧攻击对方；

4. 发力后从起腿路线收腿，放松，重心落下，再次回到警戒式。

动作要领：起腿时大小腿膝关节夹紧；踢出发力时头、肩、腰、髋、膝、腿和踝成一直线；大小腿直线踢出，原路线收回。

❖ 后踢

后踢在截拳道搏斗中，跟直拳有一样的重要性，也是直线进攻型的技法，属于腿法中的“母腿”之一，而且攻击威力特别大，杀伤力强，往往使对手采用了阻挡措施也不能避免被踹中或踹伤。

后踢之法，凡是用脚底的正、侧面做后转身动作而攻击出的腿法，均可归属为后踢之列。后踢技法多样，可以向四面八方进攻，而且

攻出时平衡稳固性好。攻击点以脚底和脚掌侧为主，脚在平时的行走中就锻炼得相当坚实有力，出击时没有害怕会碰上硬物而伤脚的顾虑，因而每次的出腿就会全力以赴，这就是攻击力大的原因之一。

基本动作说明：

1. 由警戒式开始；

2. 将重心移至右腿，以右腿尖为轴，右腿跟外旋，身体向左后方转动；

3. 提起右大腿，使大小腿几乎折叠，脚尖勾起后左脚贴近右大腿，两手握拳置于胸前；

4. 左脚向后平伸后蹬，左脚自右大腿内侧向后方直线踢出，力达脚跟；

5. 踢击后右脚沿原路线快速收回，成警戒式。

动作要领：身体左后向转动时，同时要快速提起左膝。身体转到背朝对方时要制动，同时左脚后蹬，此时身体不要再有转动，膝盖此时的方向应与右腿膝盖方向一致。在提起左腿时，两大腿内侧之间的距离应尽量小，即右腿“擦”着左腿起腿。身体转动时，头部配合同向转动。为保持重心，躯干在向下弯曲的同时可稍挺胸。动作熟练时，转身与后蹬应是同时进行的。最后再练习后踢击头（高后踢）。右腿应积极配合髋部的转动，调整好身体重心。由于对方进攻常常是侧向，后踢的方向应在正前方稍偏向左侧。

截拳道摔跌技及关节技

❖ 截拳道摔跌技

截拳道是一种激烈的对抗运动，是一种集踢、打、摔于一体的

361°

SPORT
LOOK
AT ME!!

运动，摔跌技在截拳道中起的作用不能忽视。熟练地掌握摔跌技术，成功地运用摔跌技动作，是克敌取胜的有效手段，同时还给对手在精神上造成很大的压力，极大地消耗对手的体力。

摔跌，是中国武术 4 大技法中“踢、打、摔、拿”之一。在现代截拳道搏斗技术中，摔跌技类似于摔跤而又不等同于摔跤，共同之处在于都是运用技巧使对方失去重心倒地而达其目的；不同之处在于，它较之摔跤更敏捷，具有更大的伤害力，实战性和适应性更强，轻则可以打翻对方，重则可使对方致残。

纵观目前的一些摔跤技术，多以力大胜力小，以拼蛮力为主。现代截拳道中的摔跌技，脱胎于西洋摔跤术、日本柔道、合气道等优秀的国内外武技，虽然传统武技的摔跌技仍有可取之处，但是，我们不能拘泥于其中的固定模式。比如，中国的摔跤流派从清代到民国时期就分作三大流派：保定跤、北平跤和天津跤。这三大流派中最接近于武术技巧的就是保定跤。这种跤术轻视用蛮力，而重视技术，长于以小制大。所以，我们学摔时就最好参考保定跤，因为单凭蛮力取胜的技术不是截拳道的特色和现代实战技术的需要。

摔跌的目的就是在自身不倒的条件下摔倒对方。大家都知道，支撑着人体重心平衡最关键的是双脚的前掌部及脚趾，一旦能让前脚掌翻离地面和前脚掌受到控制不能移动，导致上体东倒西歪，重心超越于两脚掌所能支撑的范围时，人体就会摔倒于地。人体不论怎样摔倒，都有一个共同点，那就是脚底翻离地面，失去重心。

❖ 截拳道关节技

关节技的技术强调有效地利用杠杆原理，使用者可以使用很小的力气，将沉重的对手撬起，并产生巨大的力量。

李小龙具有大量的无限制格斗实战经验，他注意到大部分的传统武术都较侧重于自由移动（站立打斗）或缠抱技术（摔跌）。由于文化和历史的原因，许多传统术家都认为地面格斗技术不是很体面，因此尽量避免任何形式的地面格斗。但是，当只擅长自由移动技术的选手遇到擅长地面技术的对手时，一旦格斗进入地面，前者就会发现自己严重的技术欠缺。

截拳道防御技术

防御，是相对进攻而言，防御是用来保护自己的方法，但不是单纯消极防御，更重要的是要为反击创造条件，反击才是真正的目的，没有反击的防御是没有多大积极作用的。

防御是防身行为中应付对手进攻的一种兼守兼打的方法。从表面上看，防御好像是被动的，但实质上，防御一旦见效，对方会因进攻动作的失利而带来心理上的负担。对手进攻中的“露白”会给防卫中的有效反击创造有利条件。因此学习防御技能并能在实战中合理地使用防御技艺是争取战机主动权的有效方法之一。

防御，不是防而避之、躲而退之的消极防御，而是以守为攻，变守为攻、以防带攻的积极进攻技术。防是手段，攻是目的，这是防身自卫中一种基本而又难以掌握的功夫。

目前，大部分搏击教练训练学生时，首先都让他的学生们集中精力进行防御，这是因为良好的防御能力意味着良好的进攻能力，二者具有相同的意义。确实，无论你的腿法、拳法有多好，你的身体的一部分总是难免会疏于防范的，所以你必须能够阻挡住那些针对这些部位的攻击。你在开始搏斗之前，必须有一个好的防御姿势，这样就不会使你在进攻时门户大开。有些人对攻击的第一反应是快

速地反击而不是进行防御，其实这种方式是错误的，保存实力才是搏斗的上策，没有防御就反击很可能反击失败。所以，搏斗术的经验告诉人们，强调首先防御，然后再根据对手的姿势选择相应的反击手段。

❖ 截拳道的防御技巧

搏击运动一直被人们称作是“勇敢者的运动”。但这完全不是一味地猛打猛冲，而忽略防御的技巧。完善的防御技术，是截拳道技术的重要组成部分，一可以节省体力；二可以避免遭到对方的攻击或减弱对方的攻击；三可以调节自己的节奏；四是发挥诱攻战术威力的有效手段。

在截拳道中，反击也可谓之为进攻，只不过是防御的同时或在

防御之后的进攻，防御与反击是一个不可分割的整体。如果能够极其熟练地运用防御技巧做出迅猛的防御反击，许多情况下，反击时的杀伤力比主动进攻时效果更好，因为它可以使对方措手不及。要想做到这一点，必须先学会防御，只有善于防御，才有利于进攻，防御与进攻相辅相成密不可分。

在实战中，如果不能很好地防备，就无从谈到进攻。防御的技巧在实战中并无具体法则，而只能随着对手的攻击方式的不同而随机应变。从力学角度来分析，防御大体上可以概括为以下几种方法：

1. 顺力防御法

在实战搏击中，这是一种极为巧妙而有效的防御技巧。它通常用于防御对手的“直线性进攻”，是顺着对方拳脚作用力的方向，再顺势给以适当的劲力，使敌攻势与劲力落空，或丧失平衡而处于被动挨打的状态，为自己防御反击创造有利条件。

这种防御技巧充分显示了武术技击中以小胜大、以巧胜拙的特点。在传统技击中，顺力防御即是“引进落空”，在太极拳中则被称之为“四两拨千斤”。在这里，所谓“顺力”，就是要与对方进攻的作用力呈相同方向的运动，因此尽管用力不大，却足可破敌来势，并且能轻易使对手失去重心或顺势将其制服。对于此技法的运用，防御者必须有极快的反应和敏捷的动作速度，要求手、眼、身、步、精、气、力、功紧密配合，才能发挥出应有的作用。

2. 横力防御法

横力防御技巧是截拳道中最常用的防御技术，它简单易学便于掌握。在搏击对抗中，该类防御技巧也属于“四两拨千斤”的方法。

例如，当对方向我发起进攻时，若其手脚来势强劲，我可避其

Let's
Shaking

锋芒，同时以垂直于对方作用力的方向格击其攻来拳脚的关节要害处。当然，我方在具体实施时，还要注意防御动作的幅度。在实战中，对于初学者来说，由于紧张与恐惧，再加上遇到强手的攻击，会出现防御动作过大，顾此失彼状况。巧妙的防御技术必须经过千锤百炼。防御动作的幅度要恰到好处，以便快速反击。

3. 逆力防御法

搏击中的双方，由于战机瞬息万变，因此有时往往来不及闪躲或防御，但为了瓦解敌方的进攻，而将敌方的重击化解于无形或半路之中，可迎着敌方进攻手脚的方向，以相反方向的力道予以截击或迎击，致使对方进攻受阻，而我方则在截击或阻挡的同时予以还击。例如，敌方用侧踢向我进攻，我方迅速起脚用截腿堵截敌方进攻路线，踹蹬敌方小腿的迎面骨。逆力防御法的特点是以快打快、以硬

碰硬，多用于危急情况下。此法运用得巧妙，不仅可以重创敌方的攻势，而且可以挫伤敌方的心理，瓦解其斗志。

4．躲闪防御法

躲闪防御法是格斗防御技术中的一个重要组成部分，熟练地运

PEAK

用躲闪技术不但能有效地保护自己，而且能为防御反击创造良好的条件。

在搏击中，如对方出手迅猛，攻势强劲，自己运用上述方法不能奏效，或不能与敌硬碰硬时，可以采用躲闪防御，利用左躲右闪、前纵后跳，或以身法上的灵活变化，巧妙有效地躲开对方的进攻，使对方凌厉的攻势落空，然后观其破绽而予以及时还击，化被动为主动。同时，为了获得更大的反击效果，闪躲对方攻击的偏差越小越好，以刚好避开对方的力点为最佳，从而有利于及时地进行防御反击。

总之，无论采用哪种防御技术，为了保证防御的准确有效，必须注意如下事项：首先是，应固其中节，就是要控制住对手的肘或膝关节，因为在打斗中，当你截住了对手的手腕时，对方就会乘势屈肘向你上盘打过来，使你防不胜防。所以，在防御上，固敌中节是极为重要的制敌方法；其次，应注意识别对手的虚实，实战中若分不清对方的虚实，而盲目进行防御，则正好中了对手的圈套。当然，在剧烈的搏击中，对敌方虚招的识别比较困难。通常来说，当对方向自己进攻时，不论是虚是实，都应沉住气，等对方拳脚运动过半时，再予以防御或还击，这样可以有效地避免敌方的虚招给自己带来的麻烦。

俗话说“学打人，先练挨打”。练习者切记不要单纯追求进攻，更要善于防御，在严密的防御前提下，进行防御反击。要充分认识到防御在搏击中的重要性和困难性。

❖ 防御技法的要点

准确、巧妙的防御，一则能保护自己，二则能为更好地进攻创造条件。防御是积极主动的，其目的是为了更好地进攻。防御技法总的要求是对对手的进攻时间、运行路线、攻击方法和部位反应敏捷，判断准确，达到自动化程度。

1. 闪躲性防御

要求时机恰当、位移准确、整体协调。①时机恰当，是要求防御时间与进攻时间要恰到好处，不早不晚。闪躲过早，对手则转移进攻目标，晚了则有被击中的可能。故要求练习者须具备较好的反应能力。②位移准确，是指躲闪对方的进攻时，身体姿势的改变或距离的移动要有高度的准确性。初学者往往会因闪躲幅度过大或移动距离过长而贻误战机。③整体协调，是对身体协调性的要求。不

论是前避后撤，还是左右躲闪，都必须注意整体性、一致性。如向后闪时，有的练习者只是仰头，躯干和腿都不动，形成了只躲头不躲身、不躲腿的错误。

2．接触性防御

要求防御面大、动作幅度小、还原转换快。①防御面要大，是要求在实战过程中要防一片，不要防一点，尽量提高防御的成功率；②动作幅度小，是指防御动作幅度要小，应以防御的效果和是否有利于反击为准。但由于紧张与恐惧心理的影响，在防御时不容易做到；③还原转换快，是指防御后转为进攻的时间间隔要短。动作间的转换速度与动作幅度、结构有关，幅度大转换慢，结构不合理也影响转换速度。合理的攻防动作结构应该是：打上防下、打下防上、击左护右、击右护左，既便于攻防的转换，也能给对手一种攻之有法、防之严密的畏惧感。

❖ “一线四门”的原理

截拳道以精简实用、直接、高效著称，如何利用简捷的技术来对付诸多复杂的进攻？李小龙宗师根据自己对截拳道所学及对西洋击剑的深入研究，确立了“一线四门”原理，把人体要害部位精简于其中，从而使防御技在主体上得到了简化。

1．“一线”

即人体中线，它是从人的头顶到裆假想的一条垂直于地面的直线，其不但是人体重心所在的直线，而且人体要害部位多集中于此或位其左右。若对中线加以猛击，不但可以使对手平衡顿失，而且更能重伤其身。从防御角度而言，中线是人体的重点保护对象。当然，正因为攻击对手的“中线部位”即可轻易将敌击倒或击伤，所以，

你在攻击敌方中线要害的同时更要注意守护好自己的“中线要害处”，也就是截拳道中的“守中用中”，这是截拳道中最基本的核心指导理论。如不谙“中线”之原理，则很难达到截拳道之最高境界。

我们都知道截拳道是一种高度技巧性的拳术，它的关键就在于个“巧”字，而“攻守抢中线”便已将这个“巧”字发挥到了极限，因为即便是一个体形瘦小的人，倘能在搏击中有效击中对手的“中线要害”的话，亦能迅速制敌。

当然真正的截拳道高手还能在对手“拳抢中线”的同时，“后发先至”而反“抢”敌“内门”，即以我方的“中线动作”将对方的手臂从“中线”上“挤”出，而使对方的攻防动作只能处于外围，这一技击特点在截拳道中又叫“里帘必争”。

从另一个方面来讲，如果我方已经严密地保护住了自己的“中线”，那么对方便无法发起其威力强猛的直线攻击动作，而只能以速度较慢的弧线形攻击动作从侧面（两侧）攻来，这样一来便延长了其攻击距离，同时亦延长了其作用时间，自然也就降低了其攻击效率。而我方则可有足够的时间做出反应并进行有效的迎击或防御，而且我方在防御的同时仍可由“中线”直插进去而果断重击对手。

截拳道给人最大的印象恐怕就是“招法快如闪电”及“手法之防护风雨而不透”了。那么如何才能做到手法的密集而有效地防护呢？这就需要来研究截拳道“挡四门”原理了，在这里且简称为“四门”原理。

2.“四门”

即以中线与通过太阳神经丛的水平直线共同将人体从下面划分成四大区域，也就是在身体的正面划出一个四方形的面积，然后再在此四方形面积内划分为 4 块面积均等的方形区域作为对方攻来时

各种防御法的依据。此“四门”之标准是高不过眉、宽不过两肩、低不过腿。“四门”在西洋击剑中分别称之为“内侧低位区域，内侧高位区域，外侧高位区域，外侧低位区域”，即李小龙宗师在其著述中所称的四门：高内侧门、低内侧门、低外侧门、高外侧门。

根据“一线四门”的原理，对人体之头和颈、躯干的击打基本上均可归结到对中线及四门的进攻。作为防御区域，“一线四门”占了很大比重，防御对“一线四门”的击打，可抵挡绝大多数的进攻。

第三章

截拳道功力素质训练

格斗是讲求真功夫的，你的攻击力是否强劲、速度是否够快等都直接决定了你能否取得胜利。很多高手往往能够一招制敌或一击制胜，都是速度、力量、反应以及拳脚硬度等各方面综合素质的完美体现。如果没有坚实的功力做基础就进行格斗，则与自杀无疑，因为格斗是极为残酷与现实的，它是要靠实力来说话的。

截拳道特别讲求要进行真实的格斗，而真实的格斗又必须有强健的身体及坚实的功力做后盾。任何一个习武者，如果只练技术而不练功力，则始终无法成为高手，也就更谈不上是顶尖高手。只有将功力与技术融合成为一个完美的整体，才可进入武术的殿堂。

速度训练

截拳道的立拳之本就是速度够快，让对方还没有来得及做出有

效的反应，我的重拳或重腿早已将其击倒，或者就算是他先出招攻来，我也能够后发先至，给予其有效而强劲的反击。如果不具备上述要求，就不能算是掌握了截拳道。

❖ 充分放松的快速出击

只有使肢体充分放松了，才可使动作达到最快。如果仅是收紧肌肉去出拳或出腿进行攻击，则绝无法达到闪电般的攻击速度。所以，无论你是出拳还是踢腿，都要放松、自然、快捷地出击。就算你出腿进行攻击练习，都要放松而敏捷，绝不可使肢体僵硬着去出击，因为那等于是自废武功。

❖ 习惯以最快的速度出击

无论你是进行徒手出拳的练习，还是进行踢打训练靶或沙包等力量性的练习，速度一定要快，必须养成以最快的速度出招的习惯。进行踢打沙包的练习，仍须发挥出最快的速度素质，要知道闪电般的速度不是想出来的，而是通过不懈的努力练出来的。

不要忘记搏击的一个基本的制胜要诀就是“手快打手慢”或是“速度决胜负”，谁掌握了速度上的优势，谁就能把握住制胜的主动权。

❖ 适当的负重打击练习

持重打击练习是截拳道、拳击、散打、泰拳以及空手道等武术的共同的速度与力量训练手段。当然，如果我们持较轻的重量进行训练时，就是用来发展速度与瞬间的爆炸力，如果采用较大的重量进行打击训练时，就是用来发展力量的。

力量训练

“一力降十会”，没有坚实的功力做基础，再精妙的招式都是徒劳的。在进行力量训练的过程中，可分为两部分去分别练习，即击打训练靶等实物的打击类练习与利用器械进行力量训练的肌力练习，现分别详细讲解如下。

❖ 击打训练靶与沙包的训练

可通过打击训练靶（包括拳靶与脚靶）与沙包等实物来提升自身的瞬间爆发力度、拳脚的硬度，并对提高动作速度、准确性等都具有不可替代的作用。

❖ 器械训练

即通过力量训练器械逐步强化力量素质与肌肉质量，通过强化刺激你的肌肉纤维来最大限度地提升动作力度和动作质量。李小龙生前正是因为重视此类高效的肌力训练，才练就了岩石般的肌肉和无坚不摧的攻击力。未经过此种强化训练与专业训练的拳手是绝无法去应付真正的格斗的。

反应、灵活性训练

虽然说反应与速度之间的关系较为密切，但还是有明显的区别点。纵观李小龙的功夫体系，除了其速度快如闪电外，其反应速度也是无与伦比的，这样不但可保证不会被对方所击中，更可因势而变，随机而动，从而牢牢把握格斗中的主动权。另外，截拳道还是比较注重动作的灵活性练习，因为只有动作与反应都足够灵活了才能进退有序，牢牢控制住对手而不被对手所控制。

平衡能力训练

格斗中的平衡能力也是相当重要的，因为如果你连站都站不稳，又如何谈得上出腿去重创对方呢？稳固的平衡能力需要通过不懈的

361°

练习方能得到，这是无法速成的。

弹跳力训练

李小龙极为重视下肢力量及灵活性训练，所以也经常进行下述类似的弹跳训练。尽管他是一个扁平足，但经过刻苦的练习后，他也同样拥有惊人的弹跳力，可见他对此付出了多大的代价。而良好的弹跳力必会大大增强踢打力量、踢击速度与增强灵活性。

耐力训练

❖ 截拳道的体能训练

在截拳道中，体能是指人体在长时间的运动中抵抗疲劳的能力。在搏击对抗中常有这种情况，有的拳手在开场比赛中往往打得很出色，眼疾手快动作有力，比分也会领先。但随着时间的流逝，便逐渐体力不支，以至于动作无力，最终导致先赢后输，其实这也就是因为耐力素质不好的缘故。所以，在搏击中，耐力素质或说体能是具有重要作用的，是取得最后胜利的基础和保证。

拳手在对抗中克服体能疲劳的能力越强，其坚持运动的时间就会越长，同时表现出的耐力素质也就越好。疲劳是一种生理现象，是有机体的一种自我保护。疲劳对于机能来说，可使运动能力下降，并限制运动时间的延长和拳手实际水平的发挥。不过从训练的角度来说，没有疲劳，机能就得不到有效提高。另外，体能素质的优劣还会影响到其他素质，在实战中由于疲劳的出现，力量、速度、灵敏、柔韧等素质都会受到严重的影响。因此，李小龙说："体能的训练，可以说是一个自讨苦吃的过程，如果你对自己要求不严，而无法逾

越体能这个障碍的话，就不要期望从各种强身锻炼中有太多的收获。你为此必须付出足够的代价，而当你戴上拳套开始正规习拳或参加比赛时，你便会明白，你没有白费功夫而苦尽甘来。”

在截拳道的教学与训练中，李小龙还要求拳手需先了解体内能量的来源，以及搏击对抗的代谢特点，还有耐力素质的生理因素，然后才是耐力素质的系统训练。

❖ 耐力素质的训练

在截拳道的训练中，耐力训练的方法有很多，但不同的专项训练的方法也不尽相同。故李小龙根据现代搏击运动的特点，提出了主要进行提高速度耐力的训练方式，因为速度耐力的供能途径主要是糖在缺氧的情况下以无氧酵解方式的供能过程，因此这一途径会产生大量的乳酸。而速度耐力训练就是用来提高抗乳酸的能力。人体产生大量乳酸的时间，大约是在剧烈运动的 30 秒以后，所以速度耐力训练的时间应控制在 1 ～ 2 分钟，运动强度应是本人最大强度的 80% ～ 95%，心率则处于 160 ～ 180 次 / 分之间为佳。实践证明，这是李小龙提高速度耐力的最佳方法。不过，他也让拳手在练习中必须注意，进行速度耐力训练的同时要进行一定比例的有氧耐力训练，这是因为在乳酸堆积后，要靠有氧氧化去消除掉。

李小龙在体能训练中，为了避免单调，他还竭力使训练方式多样化，因为不同的训练方式会产生不同的训练效果。他的体能训练项目包括越野跑、骑固定自行车、跳绳和强身操等，其中以越野跑与跳绳为主。

❖ 体能训练的注意事项

根据技击运动的特点，体能训练要从一定的时间、距离和数量

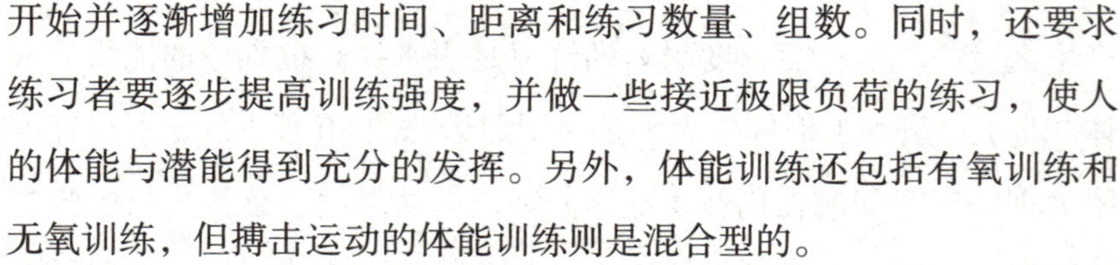
开始并逐渐增加练习时间、距离和练习数量、组数。同时，还要求练习者要逐步提高训练强度，并做一些接近极限负荷的练习，使人的体能与潜能得到充分的发挥。另外，体能训练还包括有氧训练和无氧训练，但搏击运动的体能训练则是混合型的。

截拳道中的体能训练，不仅是身体方面的训练，同时也是对一个人意志品质的培养和考验。所以李小龙期望自己的拳手在训练中能忍受别人所不能忍受的痛苦，用来培养自己坚韧不拔的意志品质和不达目的决不罢休的拼搏精神。李小龙发展肌肉耐力最好的方法就是在力量练习时，在重量不变的情况下增加每组的练习次数和组数。

有关功力与素质的训练就讲解到这里，像其他的柔韧性训练法等要素，在笔者其他的专著中都已或多或少讲解过，这里因篇幅所限不再重复讲述。

第四章

截拳道战术训练方法

李小龙说过：“实战搏击好似一场战争，如果没有正确的战术指导，就算偶获小胜，但终也免不了失败的结局。”因此，我们必须看到战术实施的重要性、长期性、连续性和艰巨性。并进一步提高对战术研究重要性的认识，制定适合于自身的机动灵活的战术原则，努力去实现自己的目标。截拳道的战术是建立在对敌方观察与分析的基础上的。简言之，截拳道的战术是我们在实战时善于对敌方进行观察与分析，并合理地运用各种技术，从而取得胜利的艺术。

两强相遇智者胜。也就是说，两个手法、腿法技巧相当的拳手，运用战术熟练往往能够取得胜利。因为战术是一种比对手有先见之明的能力，故运用战术必须有准确的判断力和发现破绽的能力，以及预见性与勇气。在这里，力量虽然是贯彻战术实施的必备但不能保证取胜，也就是说还必须靠对对手的理智分析，然后才是有针对性地运用自己的技能。而且一个聪明的拳手，总是想方设法采取不同的技法与对手交战，例如，他会用直接进攻、复合进攻和反攻等来不断地改变战术，也会对每一个对手改变距离和位置，从而使自己变得令对手难以捉摸。

如果你能够洞察到对手要干什么，那就等于你已经先胜了一半。对付一个镇静、耐心的对手时，不要采用直接攻击，因为这样的对手一般对自己的防护都是很严密的。如果他还精通迎击和阻截的话，那么对付他就应该以假动作引诱其进行阻截、打击，而后我方可牵制或扭住他的肢体再实施打击。

一位优秀的拳手，首先能够以灵活的步法来控制对手，然后才是不断地运用假动作、佯攻和短促有力的打击来破坏对手的节奏。也就是说要学会利用自己的节奏，来迫使对手陷于混乱与无奈之中，然后再进行突然袭击。另一种有效的方法是“时差进攻法”，也就是在击中对手前的一瞬间稍做停顿，用来破坏对手的防御体系。另外，

361°

对于一个新手的节奏，可能会因其不规律反而很难判断。他也可能对你的引诱不上钩，但他会因此惊慌失措，并以毫无目标的胡抡乱打来阻挡你的进攻。当然，有时他也会碰巧击中你的肢体，为避免这一点，你要先学会耐心，即在对手露出破绽时才迅速、简捷地直接攻击，但要尽量避免采用那些过于复杂的组合攻势。

在实战中，搏击是流动性的，也就是说战术是机动的，而人也是灵活的。一般而言，每个人都具有自己的风格特点及所擅长的技法，心理素质也不尽相同。所以，在实战中，选择什么样的进攻时机和进攻方式，都要根据对手的特点来决定，千万不可生搬硬套，致使永恒的生命失去生机。一旦发现对手的行动意图后，就得立刻拿出与之相应的对策加以对付，否则，稍一迟缓或所用的对策无效，便会陷入被动挨打的不利局面。同时，战术的有效运用还有赖于冷静、机敏的判断和预先洞察先机与虚张声势的假动作，以及处处先敌人而发的能力。除此之外，勇气和良好的肌肉控制也是必不可少的。如何抓住对手的弱点，也是战术运用中的一个关键点。

优秀的技击高手与初学者之间的区别则在于像李小龙这样的高手能及时地发现机会，并能够迅速地利用它，从而令对手防不胜防。另外，高手还能充分运用自己的技术和智慧，因此他每出一拳和踢击一脚都胸有成竹，志在必得，且在发出最有力和最具摧毁性的攻击之前，促使对手不断地暴露出其破绽，紧接其后的才是足以致命的一击或一连串的攻击。在剧烈的搏斗中，还有一个应注意的问题，除非是必须借某一手段来达到目的，否则不要采用过于复杂的技术。首先应运用简单直接的攻击技术，如不奏效，可再借用较复杂的技术。

在搏击中，从防守的姿势上突然发起的简单而直接的攻击，也常使对手猝不及防，特别是在一连串的佯攻和假动作之后，其效果则更为明显。因为防御者所估计到的往往是复杂动作或是有准备的攻击，而对手却对我方的这种迅速而又隐蔽的打击并无思想准备。当你与一个较为优秀的对手交手时，如果运用比较复杂的复合攻击或者组合动作去攻击，那只能使对手感到特别高兴，因为你在这种情况下暴露了技术水平。但是如果你能在此时以简单、直接的攻击技巧打中对手，那更说明你的技艺是十分娴熟的，你的战术运用是成功的。

在实践中，两眼应紧紧盯住对手。在近距离搏斗中，则要注意其身体上方，并用余光来注意其身体下方，以保护好自己的面部要害处。在距离较远的搏斗中，则要盯住对手的眼睛，因为眼睛是心灵的窗户，所以盯紧对方的眼睛可迫使他处于被动地位，并让他捉摸不定。而且一旦对手遇到了麻烦，就要从各个角度去果断地进攻他、逼近他、摧毁他。要引诱对手前来攻击，并在其向前方迈进时乘其立足未稳突然重击他。也就是说，要迫使对手按你的意志去打，从而控制对手，而不是被对手所摆布。在格斗中，还必须清楚的一点是，当与一个不熟悉的对手遭遇时，一种很自然的倾向是动作过分或用力过大，这是战术运用不当的征兆。正确的方法则是在一种简单、容易、流畅、自然的节奏下进行技战术运用，因为这样可以使自己能更平稳地、得心应手地发挥自己的技术。而且，要想成为真正的高手，还必须在思想上对战术运用有正确的看法，即应乐于做最冗长而乏味的战术训练，这样在对付某种挑战时，方可产生令人满意的结果；相反，如准备不够充分，在搏斗时就越会感到急躁，后果也是不堪设想的。

下面是截拳道中如何对付各种类型的对手的方法，但习者不要死守教规，而钻进形式化的枷锁。也就是说，要随着不同情况的出

现而运用灵活多变的战略战术去进行应对。

对付保持精确距离的对手

在搏斗中，当面对一个保持有精确的距离又很难以接近的对手时，由于这种对手总是在攻击范围之外游动，以保证他自己的安全，所以要想接近他，就必须先向后退一步，以便将其引入我的攻击距离之内，再予以猛烈的反击。但是，如果过于频繁地重复这种有准备的进攻，那将会招致对手的截击而不是闪躲。因此，我方的战术要多变，并应最大限度地消除或缩短易受攻击的时间。而且，有时即使是故意露出破绽，也应恰到好处，以能引诱对手上钩即可。

对付动作不规律的对手

在搏斗中，当你面对一个动作没有规律和节奏的对手时，你的对手很可能会发动无意识的时间差进攻，以致使一些没有预料到这一招的颇有经验的老手也会被愚弄。在这种情况下，你可先保持一定的距离，当笨拙的对手为了打中你而把动作做得过火时，你再进行迅速的反击，反击之后要一直压制住对手，直至将其击倒不起为止。当然聪明的拳手，也总是采取不同的办法去与对手交战，他不仅会用直接的进攻，还会用反攻来改变自己的战术，也会对每一个对手改变距离和位置，以期控制和调动对手，牢牢掌握格斗场上的主动权。

对付十分紧张的对手

在搏斗中，当你面对一个十分紧张的对手时，运用假动作应较为短促和多变，以便使紧张的对手更加不安。但是，不论对付紧张

SPORT
Let's
Shaking
LOOK
AT ME !!
361°

的还是镇定的对手，自己都必须很放松，即学会善于利用自己的节奏，来使对手陷入混乱，然后再进行突然袭击。如此，可使对手惊慌失措。在格斗中，一个拳手绝不能是一副无精打采的样子，应当在搏斗或训练中保持高速度，并发挥高水平，还要想象在关键时刻能够随意加快频率和强化打击力度。

对付准备充分的对手

在搏斗中，当你面对一个已做好多种准备的对手时，可在他向前跨步并以手发起攻击时，去牵制住他，使其不能动，或者迫使他做出错误反应，以便给你的拳打脚踢制造机会。在这里，当对手扑过来时，你可先闪开他的打击，然后再趁他前冲过来未收住脚或在恢复原防御姿势的过程中向他快速反攻。而对手在完成进攻动作的短暂时间里，他的脚是不会再有其他动作的，这一点，你大可放心。

在某些时候，迫使对手穷于应付，或使其无法恢复原来的防御姿势，并无法对付你的闪避和反击，这的确是很聪明的手段，但是你必须搞清楚，对手是否在利用假的截击动作在引你上钩。这一点，初习者要切记。另外，正确的选择打击的时机和保持适当的距离，也是对付一个已做好多种准备对手的成功关键。当双方的间距较大时，对手一般是要想一下如何进攻的，这时你就应向对手快速发起攻击，先声夺人，攻其不意，令其措手不及。

对付矮个对手

在搏斗中，个子较矮的对手，一般都喜欢进攻逼近他的目标，以弥补其打击距离短的弱点。如果他很强壮，他会靠近你进行近距离的搏斗。如果遇到这样的对手时，尽量不要与其做近距离的格斗，而应将防守的范围扩大，以此来破坏和限制他的技战术的实施。而反击对手时，则需在能够击中对方的情况下才出拳，也就是别浪费力气在发空拳上，更无必要去为对手创造打击机会。若对手先出拳攻来，则在闪避的同时进行猛烈的反击。击中目标时，犹有足够的劲力去贯穿对方，然而身体则不可因此而过分前倾，以免被矮个的拳手所利用。在反击过程中，像李小龙所总结出来的经验教训是：如何出拳“贯穿”对手，即在接触目标时，不仅要保持原有的速度，甚至要加速将力道贯入对方的体内，使其因此而破势。

对付高个对手

在实战中，高个子对手通常是动作较慢，但其打击的距离大，力度相对较强。对付这样的对手，则要先保持相对安全的距离，再寻机去靠近他。对付连续攻击又步步进逼的对手时，也需保持好距离，但不要总是后退，因为那样恰恰是对手所希望的，相反应该迎上去破坏其动作的节奏，然后再施以连续反击。通常在贴近对手时，可攻击其下颚部位，但勿朝对方的头部而发，因为它距离你较远而难以打到，即需瞄准其中线去出拳贯穿对方。

在接近对手时，双手应保持高抬，两肘则贴近身体，并利用下闪和晃身及左右躲闪的动作，来仔细判断对手防御的情形，等攻进对方内侧后，可用勾拳重创其肋骨或心窝，因为短而快的勾拳要较长而弧形大的攻击动作更易把握住时机。在这里，勾拳是建立在对人体构造的了解和其杠杆作用的原理之上，它的每一击，均需用全身的重量，以身体的整合力量来打击对方。因为单凭手臂的力量去攻击是不够的。而真正有力、精准、正确的出拳，是将身体之重量，以臂与肩为枢纽，先手臂而运至身体之中心线，去击倒对方。

对付防守型的对手

在实战中，当面对一个注重防守型的对手时，如果发动频繁的进攻，那是不明智的。正确的方法是，可先用假动作去创造机会，然后再施以真正的攻击。在这里，运用假进攻的目的，不是以此去击中对手，而是让对手向某一具体的方位攻击或做出错的反应，从而给你造成挡开打击和发起反击的机会。而且假动作不是向对手去猛扑，它仅仅是以脚和身体的一些小幅度动作去促使对手做出错的反应而已。另一有效的方法是改变击中目标的时间，换句话说，也就是打出的拳在运动中要稍做停顿，并在短暂的停顿中，使对手手足无措，从而暴露出其易遭攻击的部位。当你想压倒对手时，进攻的速度也是至关重要的，也就是速度必须要超过对手，以便牵着他的鼻子走。

对付犹豫不决的对手

在实战中，当你面对一个出手或出脚犹豫不决的对手时，或者收手时并不果断的对手时，可不失时机地冲上去，给他以新的迅速的回击。或者是由我方抢先发起攻击，例如，通常可先发出一连串的高位置假动作，从而致使对手的下盘露出空当，这时我方便可果断和准确地突然攻击其膝盖和小腿等空门处。

对付虚张声势的对手

在实战中，当你面对一个虚张声势或采取动作无法预料的对手时，你可站在一定的安全距离上，当他要击中你的最后一刻，你再

快速闪开，并且在进行闪避的同时迅速出招去迎击或反击对手，攻敌以措手不及。因为他的攻击是简单而直接的，故对付此类对手时最有效的战术便是去截击或做时间差进攻。这种截击的战术可以是直接的，也可以是间接的，而且这种战术也是截拳道中最难对付的防御战术。如果你能熟练地掌握了这种技巧，则几乎可以阻止对方的任何形式的攻击动作。

第五章

截拳道心理素质训练方法

在截拳道中，通过心理训练可以培养个人自我控制的能力，以及由此最大限度地激发人的内在潜能；还能在训练过程中，对自己的行为有较为客观的自我评价。实战训练中的心理训练是相当重要的，它可以使我们的训练从人的心理上有一个互补性的积极效益，这是现代搏击训练中逐渐引起重视的训练内容。为了使练习者能更好地学习和掌握实用心理训练的内容和方法，使之达到有目的、有计划地逐步提升自己，我们将按照截拳道的训练原则来分别给予指导。

截拳道身体训练中的心理训练

在进行心理训练时，需要通过对技术动作的想象，才能对技术有较深化的理解，或创新现有的技术。欲掌握良好的技术需要具备一定的身体素质，因为如果没有力量、速度、耐力、灵敏等基础素质的保证，很难完成对技术的系统训练。而所谓的“力不从心”“心有余而力不足”等说法，就充分说明了身体素质在搏击训练中的重要性。

据李小龙所述，身体训练中的心理训练，可分为三个方面去体验，它们是暗示和放松训练、自我意志品质的训练与集中注意力的训练。

❖ 暗示和放松训练

这种训练是通过语言暗示（包括他人或自我的），来调节本身的植物神经系统，使自身的肌肉和神经得以放松的方法。另外，我们还可在肌肉放松的同时或稍后，再默念一些包含一定意愿的“语言”，来达到自我动员、振奋精神与使机体处于最佳竞技状态的目的。

其具体练习方法如下：

1．开始时，可舒适地坐或卧，待姿势确定之后，应尽量使心绪

安静，并进行自我暗示，如“我非常安静”等。同时还要调节呼吸，也就是进行有节奏的呼吸，使之更加深沉、安静。

2. 需对心血管系统施加影响。通过这一步的暗示练习，用来调节自己的心率。可采用的暗示语有，“我的心跳均匀有力，我的心跳有节奏”。而且在意念的同时，还要感觉到自己的心脏正有节奏地跳动着。

通过上述活动，能使拳手有意识地调节肢体由呼吸进入内脏及心率和大脑的活动状况，从而调节人的植物性神经的机能，使肌肉得到放松，并消除疲劳和解除紧张，并直至达到储备生理、心理能量的目的。对要参加比赛的拳手来说，不仅要学会控制肌肉的放松，调整兴奋和抑制的平衡状态，还要动员拳手身心两方面的全部潜能，从而更好地进入竞技的状态，进而使拳手处于精神振奋和神经肌肉的积极状态；然后可转入自我动员。而自我动员的暗示语可以是：“我

SPORT
Let's Shaking
LOOK

的整个身体得到了很好的休息”“我已经积蓄了足够的力量”“我的自我感觉良好，我要去展现自己的力量”等。反复几次后，会感觉全身充满了力量与精神振奋，接着可再结合相应的准备活动，使机体进入高度积极的状态，在此种充满了斗志的情况下，胜利已经是在望了。

❖ 自我意志品质的训练

在截拳道中，进行自我意志品质训练的目的是为了发展和完善并实现自我意志的行为，以及培养不达到目的决不罢休的顽强拼搏精神，并努力去克服在自我行为中所出现的各种偏差性问题。特别是当拳手到了最艰苦的时刻时，如出现体力不支或受到连续打击后，仍然能够毫不畏惧，这种勇敢顽强的战斗精神更需要巨大的意志努力来支撑。而所谓的“意志努力”，是指拳手为达到目的，去克服困难并自觉地使自己的身心处于一种紧张的能动状态。在这里，意志努力的程度大小与克服困难程度的大小成正比。而且克服的困难越大，所需的意志努力程度就越高，也就越能表明他具有坚强的意志品质与获胜的必备条件。

在进行意志品质锻炼时，还要求拳手首先要为自己制订一套完善的训练计划，该计划的主要内容包括：速度、力量、耐力的练习，并订出各项训练措施所要达到的指标数。计划要首先符合自己的实际情况，因为如果标准过高的话就可能会达不到，如果标准过低的话也达不到必要的心理训练目的。当拳手完成一个阶段的训练计划后，还可以重新制定新的以及难度更高的计划指标，使自己的意志与技术得到双重提高。

在具体的训练操作中，很重要的一点是，在完成每一个练习系列时，必须要按要求达到计划指标，特别是在训练相对困难的时候更应鼓励自己去坚决完成计划，不应出现拖欠训练内容的现象，否则就难以培养出良好的心理意志品质。当然面对同样的外部困难，不同风格与心理承受能力的拳手也会有所不同。其中具有坚强意志的拳手面对困难时可能会毫不动摇，并不需要用很大的意志努力就能克服；而有的拳手则可能会望而生畏，退缩不前，并直接影响到本身技术水平的发挥。

根据李小龙的训练计划，培养意志品质可从以下几方面着手：

1. 要培养拳手具有远大的目标和高尚的道德情感。因为一个人的目标越远大，以及理想越崇高，则越能在行动中表现出意志力之坚强。而道德情感又是意志的动力，它可以促进人的意志的形成和发展，使自己在面对困难时能自如应对。如果拳手在场上能正确地于瞬间对事物做出判断，并毫不迟疑地采取攻击或防御行动，将是克敌制胜的最佳措施。

2. 拳手需在训练和比赛中磨炼意志。因为训练和比赛经常是在各种内外交困的情况下进行的，所以教练员可以有意识地激励拳手要树立克服困难的信心，要让他知道困难可以磨炼与激励他自己。而且在克服困难的过程中，还可以有效地培养拳手的独立、勇敢和果断等意志品质。据截拳道的训练原则，对于一些意志品质较为薄弱的拳手，可以采取下列措施进行锻炼与改进。

（1）激励法：教练员应介绍和宣传拳手们所尊敬的优秀拳手的坚强意志方面的事例，以激励拳手们产生强烈的仿效的愿望，并进而付诸实施行动。而且同时还可通过大强度、大密度的训练来刺激机体，使之能承担更大的运动量，并使其自身的潜能得到最大限度的开发。

（2）诱导法：即教练可以人为地设置一些困难条件，来培养拳

PEAK

手面对困难时的解决技巧、信心和决心。

（3）强制训练法：教练通过一定的管理和训练手段，要求拳手去圆满地完成各种任务。并培养拳手严格的组织纪律性，加强其责任感，使其在关键时刻能冲得上，以及打得赢。而且在遇到危险和困难时，仍能够毫不迟疑地行动，并采取积极的措施去获得最后的胜利。另外，勇敢和信心也是密不可分的，因为只有充分相信自己的力量，以及相信自己的行动成功，才会促使自己去毫不迟疑地行动。对困难，勇敢可以使拳手能够调动自己一切潜在的力量，并克服身体和心理上的负面因素去坚持战斗，直至最后夺取胜利。

3．意志的自我培养。在截拳道的训练中，要将外在的严格要求变为内部的性格特征，主要还是通过对拳手的自我培养、自我教育才能起到决定性作用。在意志的自我培养中，要求练习者需注意以下事项：首先在训练或比赛时要自觉地养成自我监督、自我约束的习惯，因为对武学的修习本身就是一个对自己不断完善的过程。再者，欲掌握意志力自我培养的原则，那么无论干什么都要有一个明确的目的，并以此来激发自己的行动动机，而且还需要善于预测自己的行动结果与效果，以此来检查自己的行动还有哪些不完善的地方，以便改正。

❖ 集中注意力的训练

在实战训练或比赛中，人的注意力很容易受到主、客观条件的影响。因此如何保持注意力的高度集中，是比赛获胜的重要条件。而且注意力的分散，往往是情绪波动、杂念过多或是精神和身体的疲劳，以及对比赛环境的不适应等原因造成的。但从注意到集中，必须要通过一段时间的训练才可以达到，并需加强注意的稳定性，提高对外界的抗干扰能力。

进行注意力训练的目的，是为了加强自我心理活动对一定事物或活动的指向和意识集中。在训练时，特别是在完成一次最大负荷练习之前，必须完全摆脱其他别的可能的刺激，其中也包括摆脱掉练习的困难性及练习的危险性的想法和不能完成动作的可能性，以及可能产生的错误等种种杂念和想法，而应把心理活动放在意念动作的要领上。这也是培养拳手注意力集中和情绪稳定的绝佳手段。

李小龙经常采用的锻炼注意力集中的训练方法有：

1．培养拳手对搏击运动的浓厚兴趣和良好动机。这样将有助于提升拳手进行训练、比赛时的全神贯注程度。而且，欲有效地培养良好的注意力，还应把注意力集中在如“丹田”这样的部位或内脏器官上，使得外界事物对自己不起或尽量少起影响作用。

2．在日常生活中，习武者在处理事情时要有主见，判断要准确，做出决定要果断，以此来养成良好的思维习惯。

3．拳手还要利用念动训练法来培养自我注意力的转移。例如，可用暗示语来进行调节：“我的身体得到了很好的休息”“我积蓄了充分的力量”“我具备了惊人的速度”“我全身的肌肉强健有力”“我是最强者”“我要找一个目标来发泄自己的打击能量”等，从而使机体进入高度积极的状态。

❖ 截拳道的长期心理训练

在截拳道的对抗中，拳手为了取得比赛的胜利，不仅仅要从身体、技术、战术等方面去进行准备，还要从心理方面去进行深入细致的准备和训练，以便形成最佳的竞技状态，并在极度紧张的比赛中能发挥出自己应有的技术、战术水平。而所谓长期的心理训练是指教练要有意识地对拳手的心理过程和个性心理特征施加影响，以发展其较高水平的心理品质。为此，有些心理品质需在长期的艰苦训练

SPORT
LOOK
AT ME!!
361°

中去培养和完成，这是因为这些心理品质不可能会在较短的时间内靠突击抓一下就能达到的，因此拳手必须坚持不断地对自己进行逐步完善和锻炼。同时，训练的水平之高低也是由训练的长期性、艰苦性和科学性所决定的。

教练员应根据拳手本身的特点，以及拳手从事这项运动应具备的心理品质，在整个训练过程中有计划、有目的地进行针对性的心理训练。目的在于培养拳手在最艰苦的条件下，动员自己的全部身心力量去长期克服一定困难的意志品质。

作为一名优秀的拳手，除了要掌握好上述要素外，还需学会控制和调节自己心理状态的方法。例如，对紧张情绪的调节、放松等，以及分心时重新集中注意力的能力，还有抗干扰能力和有效地进行心理恢复等。另外,进行长期心理训练的任务和目的还有以下几方面：首先是培养对专项运动的兴趣，并不断进行发展与创新，其次是对拳手意志性格特征的深化等，使拳手对实战或参加比赛具有高度的自信心和责任感，特别是要在关键时刻能表现出主动、机动、灵活、勇敢和果断的心理品质及发挥出打法技术来。

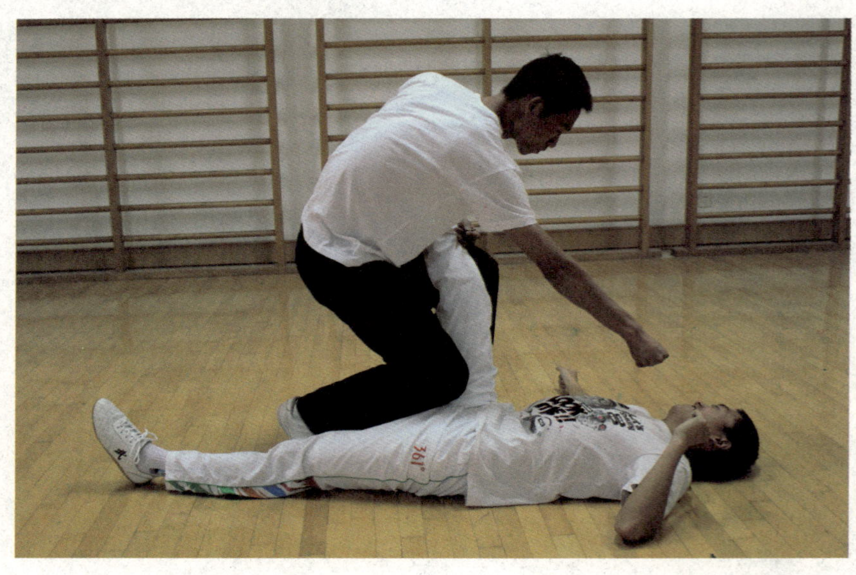

图书在版编目（CIP）数据

截拳道 / 刘长青编著. -- 长春：吉林文史出版社, 2014.7（2023.6重印）

ISBN 978-7-5472-2227-0

Ⅰ. ①截… Ⅱ. ①刘… Ⅲ. ①截拳道－基本知识 Ⅳ. ①G886.9

中国版本图书馆CIP数据核字(2014)第133839号

截拳道

JIEQUANDAO

出 版 人　张　强
主　　编　周殿学　周洪生
编　　著　刘长青
责任编辑　王　新
封面设计　袁　野
出版发行　吉林文史出版社
地　　址　长春市福祉大路5788号
网　　址　www.jlws.com.cn
开　　本　720mm × 1000mm　1/16
印　　张　12
字　　数　100千
印　　刷　天津市天玺印务有限公司
版　　次　2015年5月第1版　2023年6月第4次印刷
书　　号　ISBN 978-7-5472-2227-0
定　　价　59.80元